Dorothea Trudel von Männedorf

Ihr Leben und Wirken

Herausgegeben von
Konrad Zeller

Hänssler-Verlag
Neuhausen-Stuttgart

Dieses Buch ist eine Veröffentlichung der TELOS-Verlagsgruppe. TELOS-Taschenbücher und TELOS-Paperback-Ausgaben sind „zielbewußt", wegweisend und biblisch orientiert. TELOS-Bücher können Sie unbedenklich weitergeben, sie wurden verantwortlich ausgewählt.

ISBN 3 501 00902 X

1. Auflage der neubearbeiteten Ausgabe, 1.—6. Tausend
Umschlagentwurf: Imanuel Enderle
© 1971 by Verlag der St.-Johannis-Druckerei C. Schweickhardt
Lahr-Dinglingen
Gesamtherstellung: St.-Johannis-Druckerei C. Schweickhardt
763 Lahr-Dinglingen
Printed in Germany · 5389/1971

Inhalt

Vorwort

Kurz nach dem Tode von Dorothea Trudel hat Samuel Zeller ein Büchlein über sie herausgegeben mit dem Titel „Leben und Heimgang der Jungfrau Dorothea Trudel von Männedorf", das im Lauf der Jahre eine Auflage von 50 000 Exemplaren erlangt hat. Eine kleine Schrift über die Mutter der Dorothea Trudel unter dem Titel „Eine Mutter. Eine wahre Geschichte" erlebte eine Auflage von 24 000 Exemplaren.

Heute sind diese beiden Veröffentlichungen ganz vergriffen, und wir haben uns in Männedorf entschlossen, sie neu herauszugeben. Der Traktat „Eine Mutter" wird in dem vorliegenden Taschenbuch nur stilistisch leicht überarbeitet wiedergegeben. Die Lebensgeschichte haben wir bis auf den Abschnitt „Der Heimgang" neu geschrieben aufgrund der Dokumente, die sich in unserem Archiv befinden. Dabei haben wir die Angaben, die Dorothea über ihr Leben selbst gemacht hat, möglichst weitgehend wörtlich verwendet und das Lebensbild durch zwei zeitgenössische Berichte bedeutender Besucher Männedorfs ergänzt.

Samuel Zeller hat seinerzeit auch „Zwölf Hausandachten. Gehalten in Männedorf von Jungfrau Dorothea Trudel" herausgegeben. Von dieser Schrift sind noch ziemlich viele Exemplare vorhanden, die durch das Bibel- und Erholungsheim Männedorf bezogen werden können.

Männedorf, März 1971

Konrad Zeller

Eine Mutter

Dorothea Trudels Lebensbild muß mit der Geschichte ihrer Mutter beginnen, wie die Tochter sie selbst erzählt hat:

Mein Großvater war von wohlhabender Familie, deren Gut aber nicht gedeihen konnte, weil es nicht mit Gott erworben war. Seine Frau, meine Großmutter, eine ganz gediegene, mit Gott verlobte Seele, behandelte er oft so übel, daß sie sich flüchten mußte, um nicht von ihm getötet zu werden. Im zweiten Jahr ihrer Ehe, als sie 21 Jahre alt war, wollte er sie im Jähzorn ermorden. Sie konnte sich aber noch ins elterliche Haus flüchten, wo sie zwei Jahre zubrachte. Leider sah sie zu spät ein, daß sie durch ihre Heirat gegen Gottes Wort gehandelt hatte, denn sie hatte einen geschiedenen Mann geheiratet. Hätte sie doch das Wort besser verstanden: „Wer einen Geschiedenen zur Ehe nimmt, der bricht die Ehe." Nun aber mußte sie den Ungehorsam gegen Gottes Wort schwer büßen.

Vor der Gerichtsverhandlung, die über völlige Scheidung oder Wiedervereinigung der beiden Eheleute bestimmen sollte, sagte der Vater unserer Großmutter, ein gottesfürchtiger Mann, der es tief bereute, seine Tochter einem solchen Menschen zur Frau gegeben zu haben: „Kind, du weißt, wie lieb ich dich habe. Aber ich sage dir vor Gott, daß du keine Nacht mehr unter meinem Dach zubringen darfst, wenn du vor Gericht auf die Bitten deines Mannes achtest, der dich überreden will, er könne ohne dich nicht leben. Du weißt, daß ich mein Wort halte."

Beide Gatten erschienen am bestimmten Tage vor Gericht. Der arme Mann, der nie gelernt hatte, seinen Willen zu brechen, wollte ihn auch hier durchsetzen. Als das Gericht ihm die völlige Scheidung vorlegte nach dem Willen seiner Frau und ihres Vaters, weil beide bedauerten, daß sie sich hatten bewegen lassen, seinen Worten zu glauben, da er seine gelobte Treue so erbärmlich gehalten, sagte er vor dem ganzen Gericht: „Wenn ich meine Frau heute nicht wiederbekomme, hört ihr Richter alle, so schieße ich mir auf dem Rückweg eine Kugel durch den Kopf, oder ich erhänge mich." Diese Worte drangen wie Pfeile in das Herz seiner Frau, und in ihrer Bestürzung sagte sie den Richtern, sie wolle lieber die ganze Lebenszeit unglücklich sein, als die Schuld eines solchen Unglücks auf sich zu laden.

Als sie zurückkam, sah ihr Vater sogleich, daß das arme Kind sich wieder an den unglücklichen Mann verkauft hatte. Auf seine Fragen erzählte sie ihm, was geschehen war. Da überwältigte der Schmerz ihren sonst starken Vater so, daß er wie tot zu Boden fiel und sich nur langsam wieder erholte. Als er wieder bei voller Besinnung war, sagte er: „Kind, du weißt, was ich geredet habe. Du darfst in meinem Haus nicht mehr übernachten." Und er hielt sein Wort. „Denn", sagte er, „wer so schlecht ist und solche Ausdrücke braucht, sollte nie seinen Willen erfüllt bekommen."

Um diese Zeit kam mein Großvater um den größten Teil seines Vermögens. Was ihm noch übrigblieb, hatte sein Bruder als Darlehen. Er kündigte ihm das Kapital auf, aber auch dieses mußte er verlieren. Meine Großmutter hatte selbst kein Vermögen, aber sie war eine geschickte Arbeiterin. Mein Großvater war gelernter Leinweber und arbeitete nun öfters in seinem Beruf, ohne jedoch seiner Familie dadurch merklich zu helfen. Elf Kinder hatte er. Gott nahm aber alle bis auf meine Mutter, von der diese Geschichte handelt, in früher Jugend weg. Mangel hatte meine Mutter nie gelitten, denn die Großmutter wußte alles so einzurichten und ein solcher Segen lag auf ihrer Arbeit, daß niemand im geringsten merken konnte, daß das ganze Hauswesen auf ihr lastete. So wurde unsere Mutter bis ins zwölfte Jahr in Arbeit und Gebet auferzogen. Da starb die Großmutter nach der glücklichen Geburt des elften Kindes. Sie hatte vor ihrer Niederkunft oft gesagt, daß sie nur leben werde, bis das Kind geboren sei. Zu unserer Mutter sagte sie vorbereitend: „Mein liebes Kind, bald verlierst du deine Mutter und dann deinen Vater. Deine Mutter stirbt im Herrn und wird weggenommen, daß sie das Ende deines unglücklichen Vaters nicht sieht. Für den Säugling müßt ihr nicht sorgen, denn der Herr nimmt ihn bald wieder zu sich." Auch für unsre Mutter war sie ganz unbesorgt, und das zwölfjährige Mädchen durfte erfahren, daß Gott der Versorger der Waisen ist.

Als die Großmutter gestorben war, ging es unserer Mutter nicht besser als ihr. Denn wenn auch ihr Vater oft eine Zeitlang ganz lieb zu ihr gewesen war, wurde er plötzlich von furchtbarem Jähzorn so befallen, daß er selbst nicht wußte, was er tat, und oft alle, die sich ihm nahten, töten wollte. Ach, der Arme hat eben nicht die Hand des Erlösers erkannt und nicht erfaßt. Er hatte die Kraft des Blutes Christi, die dem Starken den Raub nimmt, nicht geschmeckt. Bei einem solchen Anfall ihres Vaters flüchtete sich das junge Mädchen zu den Eltern der verstorbenen Mutter, wo sie mit Liebe aufgenommen wurde. Einige Wochen nach dem Tode unserer Großmutter endete ihr unglücklicher Mann sein Leben durch Selbstmord. Auf meine Mutter machte dieses Ereignis einen solchen Eindruck, daß sie nur mit Tränen an ihren Vater denken konnte, und sie sagte oft, alle Leiden seien gar nichts gegen ein solches Unglück.

Das zwölfjährige Mädchen wurde von ihren Großeltern christlich erzogen. In ihrem 16. Lebensjahr starb ihr Großvater. Im folgenden Jahr verlor sie auch ihre Großmutter, die, zugleich Taufpatin, sich der Waise mit besonderer Liebe und unter heißem Gebet und Flehen angenommen hatte. Auch auf die Trennung von ihr war sie vorbereitet worden; denn am Abend vorher sagte ihre Großmutter noch: „Heute nacht gehe ich zu meinem Heiland. Um Mitternacht kommt er, mich zu holen." Und um diese Stunde ging sie getrost und freudig zu ihm in die obere Heimat.

Meine Mutter verdiente nun mit Spinnen ihr Brot. Daneben pflegte sie in hingebender, selbstvergessener Liebe die Kinder eines Witwers, die mit unverbrüchlicher Treue und Liebe bis an ihr Lebensende an ihr hingen. Ja, als diese Kinder selbst Großväter und Großmütter waren, erzählten sie noch mit tränenden Augen von der aufopfernden Liebe unserer Mutter.

In ihrem 24. Jahr warb mein Vater um meine Mutter. Sie weigerte sich aber stets, weil ihr immer so bange wurde, wenn er nur mit ihr redete. Sie war ein Muster von völliger Hingabe und Liebe zu ihren Nebenmenschen. Auch war sie schön von Angesicht. Obgleich unser Vater alles andere als fromm war, wählte er sie dennoch um ihrer Frömmigkeit willen zur Frau. Er hatte einen frommen, durch schwere Leiden in Gottes Wegen geübten Vater, dessen Leidenswege und heilsame Führungen zu erzählen ein Buch ausfüllen würde. Als unser Vater diesem seinen Wunsch äußerte, daß er unsere

Mutter heiraten möchte, sagte ihm der fromme Mann in ihrer Gegenwart: „Du willst diese Tochter wählen? Das wäre für deine Schwester und für mich ein Glück. Aber wenn du mir nicht vor Gott versprichst, ein anderes Leben zu führen, so darfst du sie nicht heiraten, denn es wäre schade um sie." Er gelobte, mit ihr ein göttliches Leben zu führen. Der gottesfürchtige Mann gab nun unter Tränen seinen Segen und freute sich unaussprechlich über die ihm geschenkte Schwiegertochter.

Diese wurde von jenem Augenblick an von großer Bangigkeit ergriffen. Ein unbekanntes, unbewußtes Etwas lag ihr schwer auf dem Herzen. Doch hätte sie ihr Wort nicht zurücknehmen können um des frommen Schwiegervaters und der frommen Schwägerin willen.

Es ist schwer für ein Kind, von den Leiden einer solchen Mutter zu erzählen. Doch zur Ehre Gottes sei es gesagt: In den 27 Jahren, die ich meine Mutter gekannt, habe ich kein Klagewort gehört. Wir Kinder konnten es oft gar nicht fassen, wenn wir unsere Mutter, die Tag und Nacht im Gebet verharrte, immer ruhig und heiter sahen. In allen Schwierigkeiten behielt sie ihren Mut und ihre Freudigkeit. Besonders konnte ich nicht begreifen, wie sie mit Geduld die Ungerechtigkeiten ertrug, die sie erleiden mußte, denn ich hatte leider nicht den Geist meiner Mutter, sondern den Zorngeist meines Vaters. Wenn die Mutter so lieb und sanft unserem Vater begegnete und uns stets eine gute Seite aufzudecken wußte, während wir mit unseren Augen wenig Gutes an ihm sahen, sagte ich: „O Mutter, wie kannst du so mit uns reden? Wenn ich einen solchen Mann hätte, würde ich es anders machen. Du gewöhnst ihn nicht gut. Anstatt seine Ungerechtigkeiten ihm vorzuhalten, betest du allezeit." Sie sah mich mit freundlichem Lächeln an und sagte: „Warte nur, Kind, du wirst mich schon noch verstehen lernen. Sieh, mein Mann ist mein Glück. Durch ihn habe ich gelernt, wie ich mich allein an Gott halten muß. Ich könnte euch Kinder auch nicht so dem Herrn hingeben, wenn ich nur noch in etwas meinem eigenen Willen leben könnte. Wenn ihr euch nicht belehren laßt, daß uns der Heiland durch alles segnen kann und segnen will, so macht ihr mir noch mehr Mühe als euer Vater. Meine Aufgabe ist nun, zu beten, daß die Rute, die uns jetzt schlägt, an jenem Tage nicht ins Feuer kommt. Für die Rute aber will ich meinem Heiland zeitlebens dankbar sein." Ach, welche Rede war das! Ich sagte: „Wie, danken für eine solche Rute?" Das Wort war mir unbegreiflich. Auch hätte ich es damals für unmöglich gehalten, daß man in allen Leiden zufrieden und glücklich sein könne, wenn meine Mutter mir nicht als ein lebendiges Beispiel vor Augen gestanden wäre.

Sie hatte wie ihre eigene Mutter elf Kinder, und da wir wenig Vermögen hatten, wurden wir sehr einfach erzogen. Unsere Mutter aber wußte durch ihr Vorbild und ihr Gebetsleben uns eine solche Zufriedenheit beizubringen, daß wir bei allem Schweren, das wir erleben mußten, heiter und vergnügt unsere Jugendzeit zubrachten. Trotz der oft schweren Ausbrüche des Vaters war doch Frieden unter unserem Dach, ein Beweis, was das unablässige Gebet für die Angehörigen vermag.

Obwohl wir in Speise und Trank ganz einfach gehalten wurden, auch meistens ein und dieselbe Nahrung bekamen, so waren wir doch viel gesünder als andere Kinder. Und wenn wir der Mutter erzählten, welche gute Sachen diese und jene Kinder erhielten, belehrte sie uns, für das dankbar zu sein, was wir hätten. Auch glaube ich, daß außer für das Notwendige meine Mutter kaum zwei Gulden für uns elf Kinder ausgab, weder an Weihnachten noch an Neujahr. Es gab auch Zeiten, wo wir keinen Heller mehr im Hause hatten. Niemand wußte es, aber Gott, der alles weiß und der den jungen Raben ihre Speise gibt, half immer durch. Darum ist der Grundsatz unserer Mutter „Beten und nicht betteln" so tief in unsere Herzen geprägt worden. Wir machten in dieser Beziehung herrliche Erfahrungen, so daß ein jedes von uns bezeugen mußte: „Es hat uns an nichts gefehlt." Wenn es am traurigsten aussah, wenn die Not am größten war, sagte sie: „Kinder, es steht geschrieben: Wer seine Hoffnung auf den Herrn setzt, der wird nicht zuschanden." Einst sagte eines meiner Geschwister, als es uns schien, es könne nicht mehr so fortgehen, das Vermögen und der kleine Verdienst reiche nicht hin, uns zu erhalten, wenn der Vater sein Leben nicht ändere: „Mutter, ich glaube, du würdest nichts dazu sagen, wenn wir alle an den Bettelstab kämen?" Sie antwortete voll Zuversicht: „Das geschieht nicht, denn das Wort Gottes ist älter als wir. Es bezeugt, wie Gott den Armen Brot genug gibt, daß sie keinen Mangel haben, und David sagt: ‚Ich bin jung gewesen und alt geworden und habe noch nie den Gerechten verlassen gesehen und seine Kinder um Brot betteln.' Kinder, betet und arbeitet, so werdet ihr nie Mangel haben. Vergesset aber das Verslein nicht:

Was du Guts willst im Leben dein,
muß alls von Gott erbeten sein."

Wenn wir offene Augen gehabt hätten für alles, was uns begegnete, hätten wir die Bibel ganz gut verstehen können, in die wir von frühester Kindheit an eingeführt wurden, und wir hätten in unserem himmlischen Versorger den lebendigen Gott erkennen müssen, der noch der gleiche ist, wie er von Anbeginn war. Da wir so arm an Kleidern waren und nicht mehr Geld dafür ausgegeben werden konnte, mußten wir immer eine bestimmte Zeit damit auskommen. So bekamen wir bis zu unserer Konfirmation alle Jahre nur *ein* Paar Schuhe. Wir waren aber sehr lebhafte Kinder. Da die Schuhe uns doch das ganze Jahr hielten, glaubten wir, der Schuster nehme ganz besonders gutes Leder dazu. Als wir aber in bessere Verhältnisse kamen und also auch Schuhe bezahlen konnten, lernten wir verstehen, welches Leder an unseren Schuhen war. Ach, daß man doch so blind ist! Warum sind die Kleider der Israeliten in der Wüste nicht veraltet?

Ich habe gesagt, daß wir von früher Kindheit an mit der Bibel bekannt wurden. Sie war unser einziges Buch. Wir lernten darin lesen, und ihre Geschichten waren uns bald so lieb, daß wir sie immer wieder gern lasen. Dadurch bekamen wir eine Kenntnis des Wortes Gottes, die uns vieles ersetzte, denn wir konnten die Schule nur sehr kurze Zeit besuchen. Auch unserer Mutter war die Bibel unendlich teuer. Sie hatte die ganze Woche keine Zeit zum Lesen, aber sie betete stets bei der Arbeit. Auch wir wurden früh zur Arbeit angehalten. Ich war noch nicht neun Jahre alt, als ich schon beständig an der Arbeit sitzen mußte. Da war die ganze Woche von keiner Erholungsstunde die Rede. Wenn wir auch gern in der frischen Luft herumgelaufen wären wie andere Kinder, waren wir doch recht glücklich und vergnügt. Es wehte eine gute Luft aus den Gebeten, denen wir bei der Arbeit zuhörten. Wir durften nichts Unnützes reden, nämlich keine Klatschereien über andere Leute, keine Dorfgeschichten. Wir hörten solche auch nie von unserer Mutter. Sie gab uns wenig Ermahnungen, aber ihr Wandel wirkte auf uns. Ihr Gebet war ein solcher Telegraph für uns störrige Kinder, und besonders für mich, daß ich nicht mehr die eigenen Wege fortwandeln konnte, sondern umkehren mußte, nach ihrem Willen zu handeln. Wenn sie warnen, ermahnen oder abwehren mußte, tat sie es in der Kraft des Herrn, die in ihr wohnte, und ihr Wort drang wie ein Pfeil in unsere Herzen. Sie gab uns ganz dem Herrn hin, und die Erinnerung an ihr Gebet durchdringt noch jetzt mein Herz, besonders wenn sie ihrem Heiland sagte: „Laß nur keins von meinen Kindern fehlen an jenem Tage." Sie durfte erfahren, daß, wenn man ihm die Sorge überläßt, er auch sorgt. Sie durfte sehen, wie sein Geist an unseren Herzen arbeitete.

Obwohl ich die Jüngste von meinen Geschwistern bin, weiß ich von unzähligen Gebetserhörungen, von denen die Mutter uns erzählte und die wir zum Teil selbst miterlebten. Eine ganz besondere Gebetserhörung erfuhr sie am Krankenbett ihrer Schwägerin, die ihr so treu zur Seite stand, daß deren Tod ihr ein unendlicher Verlust gewesen wäre. Unsere Tante war so krank, daß alle deutlich einsahen: es geht schnell zu Ende. Sie selbst war zubereitet zum Sterben und verlangte nur noch das heilige Abendmahl. Kaum eine Viertelstunde, nachdem sie es genossen, entschwand ihr, wie sie selbst sagte, alles Irdische, so daß sie in den Himmel sehen konnte. Sie lag aber bei vollem Bewußtsein auf ihrem Bett und erkannte ein jedes, das sich ihr näherte. Als man bei einbrechender Nacht ein Licht brachte, sagte sie: „Was denkt ihr wohl? Es umgibt uns eine solche Helle, wie ich sie noch nie gesehen habe. Ich sehe Scharen von seligen Kindern. O daß ihr sie auch sehen könntet!" Un-

sere Mutter dachte: „Wenn dieser Vorschmack des Him-
mels vorüber ist, so wird meine Schwägerin sterben."
Sie sank auf die Knie und bat den Herrn dringend, ihr
doch die Schwägerin so lange zu erhalten, bis das älteste
Kind ihr zur Seite stehen könnte. Um Mitternacht sagte
die Tante plötzlich, sich zur Mutter wendend: „Nun
muß ich wieder hier bleiben im dunkeln Todestal. Ich
muß noch bei dir weilen." Sie lebte noch 15 Jahre, bis
das älteste Kind wirklich eine rechte Stütze war.

Diese liebe Tante gab ihr Leben ganz dem Herrn hin,
indem sie nur uns lebte. Sie entbehrte lieber alles, nur
daß wir keinen Mangel hätten. Etliche Jahre vor ihrem
Tode hat sie uns sogar alle ihre Kleider gegeben, daß
wir mit dem Nötigen versehen würden. Ebenso treu
hatte sie in der Teuerung vom Jahre 1770, als sie noch
nicht 18 Jahre alt war, ihren Vater und ihre Geschwister
verpflegt. Sie arbeitete Tag und Nacht, um die Familie
zu erhalten, und suchte auf alle Weise dem Vater, der
oft etwas dunkel in die Zukunft blickte, das Leben zu
erleichtern. „Vater, seid nur getrost", sagte sie, „ich
lasse meine Geschwister und Euch nicht stecken. Lieber
wollte ich Hunger leiden, als daß Ihr müßtet Mangel
haben." Wirklich genoß sie jahrelang nichts als kalte
Milch und Kartoffeln, während sie für den Vater andere Speisen zubereitete.

Wir sehen es klar, daß die treue Fürsorge und Liebe
Gottes es war, die unsere Mutter in diese Familie gebracht, wo Schwiegervater und Schwägerin mit ihr ein
Leben in Liebe und Frömmigkeit zubrachten, wo alle
drei ein Herz und eine Seele waren. Sie trugen alle Leiden miteinander in Geduld und christlichem Sinn und
sagten oft: „Wir würden es gar zu gut haben, wenn wir
kein Kreuz hätten." Diese Tante half der Mutter in un-

serer Pflege und Erziehung mit ihrer gewohnten Liebe und Aufopferung. Daneben verdienten beide noch so viel, als zum Unterhalt der Familie nötig war.

Wenn Krankheit uns befiel, wurden wir dem himmlischen Arzt zu Füßen gelegt. Unsere Mutter kannte kein anderes Mittel als das Gebet, und wenn wir es dazumal auch nicht verstanden, haben wir doch später eingesehen, daß nur des Heilands heilende Hand uns immer wieder aufgeholfen. Sogar als ich die Pocken hatte und erblindete, wurde kein Arzt geholt, keinem Menschen etwas gesagt. Der Vater war nicht zu Hause. Als die Mutter ihm sagen ließ, er möchte heimkommen, das Kind sei blind, wollte er es nicht glauben und zog vor, bei seiner Gesellschaft zu bleiben. Unsere Mutter wurde aber nicht im geringsten darüber aufgeregt oder verärgert. Sie betete für den Vater, für uns alle, und besonders für mich, und ehe der Vater nach Hause kam, waren meine Augen geöffnet.

Eines meiner Geschwister bekam einst plötzlich die fallende Krankheit, und zwar in hohem Grad. Das Kind schlug und schäumte, daß man ihm kaum zusehen konnte. Wir erschraken sehr. Der Vater war wieder nicht zu Hause. Die Mutter sagte zu uns: „Ich kenne diese unglückliche Krankheit, ihr Kinder. Dies ist die schwerste, die uns hätte treffen können. Aber Jesus, der jenen Mondsüchtigen heilte, kann auch unser Kind heilen. Sagt niemand etwas von diesem Anfall. Wir wollen allein zu Jesus gehen." Und sie betete mit uns.

Nicht lange danach bekam es einen zweiten Anfall, als der Vater wieder im Wirtshaus war. Die Mutter erzählte ihm auch diesmal, was geschehen sei in seiner Abwesenheit. Er lachte aber darüber und sagte: „Das glaube ich nicht. Ihr wart nur furchtsam. Dem Kind wird geträumt haben." Die Mutter erwiderte ihm: „Um deines Unglaubens willen wünsche ich, daß das Kind seinen Anfall noch einmal bekommt, wenn du zugegen bist, damit du das Elend siehst und glaubst. Ich bitte aber Gott, daß es das letztemal ist." So geschah es auch. Etwa nach acht Tagen fing das Kind wieder an, fürchterlich zu schäumen, und zwar in Gegenwart des Vaters, der nun die Wahrheit einsah und erschrak. Aber auch jenes Gebet wurde erhört — das Kind bekam die Krankheit nicht mehr. Erst 34 Jahre später, nach dem Tode der Eltern, zeigte sich dieses Übel wieder. Da wir Geschwister die Gebetskraft kannten, war Jesus unser alleiniger Arzt und Helfer, wie er es immer gewesen und stets noch ist.

Manche Seele wurde von der Glaubenseinfalt, die nichts sehen wollte, die nur alles im Glauben und im Gebet dem Herrn anheimstellte, beschämt. So erfuhr einst zu Zeiten äußerster Not ein Geistlicher unsere Lage, die wir nur Gott und uns bekannt glaubten. Er sagte zu meiner ältesten Schwester, die uns allen eine große Stütze war: „Wie handelt ihr doch so töricht, Mutter wie Kinder, daß ihr die Sache so gehen laßt. Eure Mutter sollte ihren Mann nicht so schalten und walten lassen. Sie sollte ihre Klagen vor Gericht bringen." Meine Schwester antwortete ihm: „Wir hören die Mutter nie über den Vater klagen, darum hält sie uns auch dazu an, daß wir es nicht tun. Denn sie sagt, Gott lasse nichts zu, als was uns gut sei, und alles, was Gott zulasse, sollen wir nicht vom Vater, sondern von Gott annehmen. Wenn es nun Gott zuläßt, daß wir obdachlos werden, so wird er uns eine Tür anderswo öffnen, wo wir im Segen vor ihm leben können. Die Mutter sagt uns oft: ‚Solange ihr betet, dürft ihr nicht betteln.'"

Der Geistliche erwiderte: „Da könnte ich nicht zusehen. Worauf baut denn eure Mutter?" Die Schwester antwortete: „Auf Gott allein! Zwar spricht sie nie davon, auf welche Weise Gott wohl helfen werde. Sie sagt nur, er hilft gewiß zur rechten Stunde." Da sagte er: „Ach, man muß doch auch die Vernunft walten lassen." Unsere Schwester aber erwiderte: „Es steht in der Bibel nichts von Vernunft, sondern es steht geschrieben: Wer *glaubt*, wird nicht zuschanden." Als meine Schwester diese Unterredung der Mutter mitteilte, sagte sie: „O Kinder, folget doch mir, wendet euch an keinen Menschen, sagt nur alles Gott allein. Der ist ein elender Tropf, der bei Menschen Rat suchen will, der Fleisch für seinen Arm hält und nicht allein seine Zuversicht auf Gott setzt. Ihr werdet erfahren", fügte sie bei, „daß solchen immer zur rechten Stunde seine Hilfe zuteil wird, die nicht auf die Umstände blicken, sondern allein auf den Herrn, im festen Glauben, daß er für sie sorgt." Jener Geistliche durfte es erfahren, daß der Mutter Glaube der rechte war; denn von jener Zeit an wurde die größte Not gebrochen, und zwei Jahre später konnte er die rettende Hand selbst erkennen, die der Herr für uns zubereitet hatte.

Ungefähr um diese Zeit erwies uns Gott besondere Wohltaten durch Ereignisse, die unserer Mutter Glauben herrlich krönten. Wir lebten einige Jahre allein mit ihr, da der Vater in ein fernes Land gezogen war. Bei seiner Abreise verkaufte er unsere zweite Kuh und nahm das Geld mit sich. Ein reicher Nachbar erbot sich, uns eine Summe zu borgen, die wir gern annahmen, um eine andere Kuh zu kaufen. Wir verstanden den Einkauf zuerst nicht. Das Tier leistete uns aber solche Dienste, daß wir dann wohl erkannten, woher der

Segen kam. Wir konnten täglich dem Milchverkäufer im Sommer vierzehn Liter Milch und im Winter zwölf Liter Milch von dieser Kuh geben, beinahe das ganze Jahr hindurch, so daß wir die vorgestreckte Summe bald wieder zurückerstatten konnten. Außerdem arbeitete die Kuh als Zugtier in der Landwirtschaft mit solcher Kraft und Schnelligkeit, daß es uns wie ein Wunder vorkam. Als unser Vater wieder heimgekehrt war und uns mit Freuden von dieser Kuh reden hörte, bekam er einen solchen Zorn auf das arme Tier, daß er es nicht länger im Stall dulden wollte und es jedermann um den halben Preis anbot. Wir Kinder, die noch nicht den Glauben unserer Mutter hatten, waren stets in Furcht. Wenn nur jemand sich dem Stall näherte, glaubten wir, der Vater würde die Kuh verkaufen. Die Mutter ermahnte uns, nicht so verzagt zu sein. Sie sagte: „Wenn der Vater tun könnte, wie er wollte, so wäret ihr schon lange nicht mehr da. Gott aber läßt ihm nicht mehr zu, als was er uns selbst auferlegen will. Glaubet nur, Gott, der uns selbst versorgt hat mit dieser Kuh, kann auch machen, daß wir sie behalten können, solange wir ihrer bedürfen." Und so geschah es: die Kuh leistete uns ihre Dienste, solange die Mutter lebte und bis wir alle versorgt waren. Da kam ein Käufer, der sie sehr teuer bezahlte, weil er von dem Mann, der so viele Jahre die Milch von uns holte, von der Wunderkuh gehört hatte. Als aber das Tier von uns weggeführt wurde, hatte das Wunder ein Ende — sie war wie jede andere Kuh.

Ich könnte noch viele Fälle von Glaubenseinfalt und ganz besonderen Gebetserhörungen erzählen, wenn ich nicht, um sie genau wiederzugeben, meinen Vater erwähnen müßte, der meistens die Ursache unserer Not war. Nach dem Tode unserer lieben Mutter wurde uns aber die Freude zuteil, daß auch er in hohem Alter selig im Herrn entschlafen ist. So wurde auch in diesem Stück der Mutter und unser Gebet erhört, und ich möchte nur noch die Wahrheit des Wortes ins Licht stellen: „Es fällt kein Haar von unserem Haupt ohne den Willen unseres Vaters", und: „Denen, die Gott lieben, müssen alle Dinge zum Besten dienen."

Als wir Kinder älter wurden, standen wir der Mutter treulich zur Seite. Da sie uns zur Arbeit erzogen hatte, verdiente jedes von uns so viel, daß wir keinen Mangel mehr hatten. Wir fürchteten zwar, unsere Gesundheit aufgeopfert zu haben, und eines meiner Geschwister sagte oft: „Wie wird es uns wohl im Alter gehen, wenn wir nicht mehr arbeiten können und auch kein Vermögen haben!" Dann sagte unsere Mutter getrost: „Laßt nur Gott sorgen, er sorgt gewiß." Und sie durfte auch das noch erfahren, denn kurz vor ihrem Tod sah sie uns alle gut versorgt an Leib und Seele.

In den letzten Jahren ihres Lebens, als alle Kinder erwachsen waren, gab uns Gott den Mut, daß wir sie ganz in unseren Schutz nehmen konnten. Wir erklärten dem Vater einmütig, daß wir unsere Mutter, die ihr ganzes Leben für ihn und uns geopfert, auf keine andere Weise als mit Liebe behandeln ließen. Uns Kinder könne er schelten, aber an unserer Mutter dürfe er sich nicht länger versündigen; es sei genug. Wir wetteiferten nun, ihr auf alle Weise das Leben zu versüßen, daß sie oft vor Freude weinte und fragte: „Kinder, warum wollt ihr, daß ich's so gut habe?"

Sie freute sich, wenn sie sah, daß sie uns durch freundliches Annehmen Freude machte und daß es uns betrüben würde, wenn sie uns nicht in allen Dingen die Sorge um das Äußere überließ. Dabei sollte sie auch sehen, wie wir von ihr gelernt haben, ohne Sorgen in die Zukunft zu blicken. Auch die Gnade erlebte sie, daß einige von uns Kindern einen lebendigen Glauben durch die Kraft des Blutes Jesu bekamen. Sie erfuhr, daß wir nicht einen toten, sondern einen lebendigen Heiland haben, der in der Tat und Kraft Wohnung in uns machte. Und da sie den kannte, der die heißen Gebete erhört und sich herrlich bewiesen hatte an uns, die wir nun in Christus Jesus wandelten, konnte sie dem Herrn auch die anderen Kinder samt ihrem Mann vertrauensvoll übergeben.

So nahte ihr letztes Lebensjahr heran, das für sie durch Krankheit viele Beschwerden mit sich brachte. Beinahe ein ganzes Jahr litt sie an der Brustwassersucht, ertrug aber alle Leiden still und gottergeben im Aufblick auf ihren treuen Heiland. Auch wollte sie uns alle Mühe ersparen, obgleich wir so gern für sie getan hätten, was in unseren Kräften stand. Wir durften nie wachen, und sooft wir bei ihr bleiben wollten, bestand sie fest darauf, sie schlafe nicht eher ein, bis alle zur Ruhe gegangen seien. „Denn", sagte sie, „ich wüßte gar nicht, warum ihr wachen solltet. Ich bedarf gar nichts."

In diesem letzten Jahr wurde ihr lebendiger Glaube an den Versorger aller derer, die ihm vertrauen, herrlich gekrönt. Elf Wochen vor ihrem Tod kam ein teurer Verwandter, von dem wir nie etwas gehört hatten, aus weiter Ferne. Er gewann uns lieb und unsere Mutter lieber als sich selbst. Nun begann ein anderes Leben für uns. Er nahm sich unser an wie ein Vater und versprach der Mutter noch zwei Tage vor ihrem Ende, an uns Vaterstelle zu vertreten. Er hat es treu gehalten. Oft sagte er, wie glücklich er sei, solche Kinder zu versorgen und ihnen sein Vermögen zu schenken, und wie es ihm zum Segen werde.

Indessen nahte das Ende unserer geliebten Mutter. In der letzten Nacht ging ich zweimal an ihr Bett, da ich in dieser Nacht mir es nicht nehmen ließ, bei ihr im Zimmer zu bleiben. Aber wie wurde ich beschämt, als sie mit der ihr stets innewohnenden Liebe sagte: „Ach, jetzt mache ich dir noch Mühe!" Ich erwiderte: „O Mutter, du weißt, daß es allen Kindern nicht zuviel wäre, dich Tag und Nacht zu pflegen. Du hättest's wohl um uns verdient." Sie sagte: „Ich weiß wohl, daß ihr's gern tut, aber es nützt nichts."

Am Morgen gegen sieben Uhr, nachdem sie noch alle freundlich gegrüßt hatte, verlor sie die Sprache und winkte der ältesten Schwester, sie aus dem Bett zu nehmen. Diese nahm sie in die Arme und setzte sich mit ihr neben das Bett. So saß sie ruhig etwa eine halbe Stunde und verschied dann sanft. Wir aber übergaben mit unserem treuen Verwandten die selig Vollendete mit Liebestränen dem Herrn. Unsere sehnlichste Bitte war, daß wir ihr Andenken ehren durch unser Leben, wie sie uns in Wort und Wandel ein Beispiel gegeben.

So möchten wir allen Müttern zurufen: „Wollt ihr euren Kindern ein Segen sein, so sorget ihnen nicht für Schätze, die die Motten und Rost fressen. Sorget nicht, daß sie große Aussteuern bekommen. Seid nicht bekümmert, wenn Schrank und Kisten leer sind. Sorget aber vielmehr dafür, daß ihr Beter seid, die wissen, im Glauben die Kinder dem Heiland darzubringen, damit er sie würdige, daß sie ihrem Herrn in lebendigem Glauben dienen. Als solche Glaubensmütter werdet auch ihr die Wahrheit des Wortes erfahren, daß man lange lebt im Lande, denn solche Andenken bleiben im Segen."

Dorothea Trudels Leben

Kindheit und Jugend

Am 27. Oktober 1813, ein paar Tage nach der Völker-
schlacht bei Leipzig, die das Ende der napoleonischen
Herrschaft über Europa eingeleitet hat, wurde Dorothea Trudel in Hombrechtikon, dem weitläufigen Dorf
auf den Höhen über dem oberen Zürichsee, im Dorf-
teil Uetzikon als das elfte und letzte Kind des Jakob
Trudel und seiner Frau Dorothea Trudel-Erzinger geboren. Mit fünf Jahren wurde sie zur Schule geschickt,
die sie aber, wie sie selber sagt, nur unregelmäßig und
nur vier Jahre lang besuchen konnte, weil sie schon früh
kräftig arbeiten mußte, um durch Seidenweben mitzu-
helfen, die vom Vater so traurig vernachlässigte Familie durchzubringen.

„In meinem 17. Jahr", schreibt sie, „wurde ich in Hombrechtikon von Pfarrer Hasler konfirmiert und darf
bezeugen, daß es mir ein heiliger Ernst war, ein Kind
Gottes zu werden. Das Wort Gottes, das mir von Jugend auf durch das vorleuchtende Beispiel meiner seligen
Mutter lieb und teuer war, bewies aber damals seine
Kraft noch nicht an mir."

Trotzdem war in diesen Jahren das Vorbild ihrer Mut-
ter bestimmend für ihre Haltung. Von Gestalt war
Dorothea schlank und hübsch, ein junges, munteres
Mädchen wie ihre Kameradinnen. Ihre leidenschaftliche
Heftigkeit wie ihre Gesichtszüge hatte sie vom Vater.
Später einmal sagte sie einem Mädchen, das sich bei ihr
wegen ihres Leichtsinns anklagte: „Du bist nicht an-

nähernd so eitel wie ich vor meiner Bekehrung. Ich besinne mich, daß ich an einem Sonntag die vier langen Zöpfe flocht, wie sie damals Mode waren. Danach betrachtete ich mich im Spiegel und hielt sogar einen zweiten hinter mich, um mich recht bewundern zu können." Auch zu tanzen war ihr damals ein brennendes Bedürfnis, das sie wenigstens mit einer gleichaltrigen Freundin zusammen befriedigte, da sie wohl wußte, daß die Mutter einen Tanz mit Burschen niemals gebilligt hätte. Über ihre Heftigkeit aber, die sie als Fehler empfand, tröstete sie sich damit, daß das eben ein Erbteil des Vaters sei. Im Verhältnis zum anderen Geschlecht hielt sie sich jedoch strikt an jene Grenze, die ihre Mutter von ihr eingehalten wissen wollte. Dem abendlichen Besuch junger Burschen in ihrem Hause, dem allgemein gebräuchlichen „Kiltgang", den der Vater nicht nur gestattete, sondern sogar wünschte, fügte sie sich — nur unter der Bedingung, daß die Vorhänge an den Fenstern nicht zugezogen werden dürften, um jedermann den offenen Einblick ins Innere des Hauses zu gestatten. Und als sie einmal abends von einem Besuch heimkehrte und sie ein junger Bursche aus der Gemeinde begleitete, der dann zudringlich werden wollte, setzte sie sich so energisch zur Wehr, daß sie sich einen Schaden am Rücken zuzog, der nach ihrem Dafürhalten der Anfang der Krankheit war, die sie später buckelig werden ließ.

Die erste große Erschütterung

Bis zu ihrem 22. Jahr hatte Dorothea in „rechtschaffenem Weltsinn" dahingelebt. Da wurde sie aus diesem Zustand durch ein erschütterndes Ereignis aufgerüttelt.

Das Mädchen, mit dem sie zuweilen getanzt hatte, „war in unserem Hause in fünf Minuten gesund und tot". In einem Brief aus dem letzten Jahr ihres Lebens schreibt sie: „Dieser Todesfall beugte mich so tief, daß ich vom Augenblick an nur begehrte, ein Eigentum Jesu zu sein und entschieden meine Lust allein am Heiland zu haben. Mein Inneres wurde so gewaltig erschüttert, daß ich, die ich bis auf diese Zeit mich einer wunderbaren Gesundheit zu erfreuen hatte, nun tief bekümmert wurde über mein Seelenheil. Da ich dieses alles in mich verschloß und sogar meiner Mutter nicht sagte, was in mir vorging, wurde ich auch körperlich angegriffen, fing an zu kränkeln und wurde so krank, daß die Ärzte mich aufgaben und meinen lieben Eltern erklärten, daß an keine Rettung zu denken sei.

Als ich die verweinten Gesichter sah, wollte ich ganz bestimmt wissen, wegen was sie weinen, und als mir die Wahrheit gesagt wurde, bat ich um die Vergünstigung, mich ohne Arznei sterben zu lassen, da ich gerne sterbe.

Allein Gottes Gedanken sind nicht die unsern. Mein Zustand besserte sich. Nach wenigen Tagen konnte ich wieder meine Arbeit verrichten. Doch blieb ich fünfzehn Jahre lang kränklich, und mein Rücken wurde verwachsen.

In den ersten zwei Jahren meiner Rückenkrankheit konnte ich mich gar nie bücken. Wenn ich eine Treppe hinauf wollte, mußte ich mehrere Mal stehenbleiben und Atem holen, und jahrelang konnte ich nirgends hingehen. Meine schöne Gestalt verfiel, und ich wurde ein krummes, abgezehrtes, ja ganz dürres Wesen. Wer mich vorher gekannt, nun aber zwei Jahre nicht mehr gesehen hatte, konnte mich nicht mehr erkennen."

Hatte Dorothea früher unter dem starken Einfluß der Mutter in frommer Rechtschaffenheit gesund und heiter gelebt, so brachte sie die Erschütterung durch den Tod der Freundin zu einer ganz persönlichen Frömmigkeit, die sich in den folgenden fünf Jahren im willigen Ertragen einer schmerzhaften Krankheit und in stiller fleißiger Ausübung einer mühsamen Berufsarbeit bewährte, so daß sie im Rückblick auf diese Zeit sagen konnte: „Ich hatte Seide zu weben und konnte dabei durch die Kraft Jesu den Meinigen zum Segen werden, denn meine Seele hatte bei allem Leiden Frieden durch die Gnade Gottes."

Ruhige Jahre

Im Jahre 1840 kehrte der 75jährige unverheiratete Bruder des Vaters, Dr. Heinrich Trudel, aus Holland in die Schweiz zurück und machte den kümmerlichen Verhältnissen seiner nächsten Angehörigen ein Ende. Jahrzehntelang hatte er in Bergen-op-Zoom als Arzt gewirkt. Nun wollte er seine letzten Jahre in der Heimat verbringen. Ihm lag daran, in Ordnung zu bringen, was sein Bruder verdorben hatte. Er kam eben noch zur rechten Zeit, um seiner Schwägerin auf dem Sterbebett zu versprechen, daß er für ihre Kinder wie ein Vater sorgen werde. Dies hat er in großzügiger Weise getan. Er zog mit ihnen aus Hombrechtikon in die Heimatgemeinde Männedorf. Dort lebte er mit ihnen gemeinsam, kaufte ihnen ein Haus und setzte sie zu seinen Erben ein. Er war es auch, der Dorothea veranlaßte, das ungesunde Weben aufzugeben und das Verfertigen von Papierblumen zu erlernen. Diese einträgliche Tätigkeit übte sie eifrig aus. Die zehn Jahre, die der Onkel zusammen mit dem allerdings nichtsnutzigen Bruder Jakob und den drei Schwestern — der verwitweten Elisabeth Dändliker-Trudel, der ledigen Katharina und unserer Dorothea — in Männedorf gelebt hat (1840 bis 1850), waren eine schöne Zeit. Elisabeth sorgte mütterlich für den Haushalt. „Sie hatte viele Talente von Gott, die sie zum Nutzen für uns jüngere Geschwister und für alle, die sie kannten, nach dem Beispiel der seligen Mutter nur für andere, sich selbst vergessend, brauchte." Dorothea konnte mit ihrem Blumenbinden einen schönen Haushaltungsbeitrag geben, und daneben lebte sie still ihres Glaubens. Sie ging nicht nur in die Kirche, sondern besuchte auch die Versammlungen der Brüdergemeine fleißig. Gerne hörte sie einen besonders entschiedenen Prediger, wie etwa den Pfarrer Fay in Rapperswil, und betätigte sich als Sammlerin für christliche Werke, wie die Basler Mission.

Die zweite große Erschütterung und eine neue Aufgabe

Aus dieser gemächlichen Frömmigkeit, die sie selbst später als eigensüchtig bezeichnet hat, wurde sie nicht durch einen einzigen Stoß — wie fünfzehn Jahre zuvor —, sondern durch eine Reihe von Erlebnissen unsanft aufgerüttelt. Der Tod des 85jährigen alten Onkels war schmerzlich, wenn auch nicht unerwartet. Daß aber 17 Tage später die gütige und besorgte Schwester Elisabeth Dändliker-Trudel plötzlich — sie war nur einen Tag im Bett — starb, war eine Erschütterung, die die Hinterbliebenen als einen ernsten Weckruf empfanden. „Wachet, denn ihr wisset nicht, zu welcher Stunde euer Herr kommen wird." Dorothea sagte zu der neuen Situation, in der sie sich nun befand: „Nach dem Tode dieser Lieben ist im Inneren und Äußeren eine andere Erziehung angegangen, so daß ich anfing, den Herrn in seiner Führung nicht mehr recht zu verstehen, und ihm manches einredete, weil mir nicht alles gefallen wollte."

Da waren zunächst äußere Veränderungen. In dieser Zeit gründete Jakob Dändliker, ein Sohn der verstorbenen Schwester, einen Betrieb, in dem Besatzartikel hergestellt wurden. Darin beschäftigte er zahlreiche Arbeiter und Arbeiterinnen. Einige wohnten daselbst und wurden auch beköstigt. Bald hatte Dorothea in diesem Hause geschäftiger Leute ihren Platz gefunden. Wie eine zärtliche Mutter kümmerte sie sich um das materielle und geistliche Wohl der Arbeiter und Arbeiterinnen. „Weil mir Gott viel Liebe zu den Mitmenschen gab, so lagen mir die Arbeiter sehr auf dem Herzen. Es war meine Freude, ihnen zu sagen, wie glücklich man ist, wenn man sich durch Christus frei machen ließ und in keinem Ding mehr an die Welt gefesselt ist." Doch hatte sie, die voll Energie, Wärme und Mitgefühl war, durch zahlreiche Kämpfe und Enttäuschungen zu gehen. Dabei kam es noch oft vor, daß sie gegen die, die ihrem Rat und Einfluß widerstanden, erbittert wurde.

Zu den äußeren Veränderungen und mit ihnen verbunden kam eine innere Unruhe, ein inneres Ungenügen. Sie hatte sich wohl vor 18 Jahren ganz „dem Herrn übergeben", hatte eine Bekehrung erlebt und Frieden gefunden. Aber ihr wollte scheinen, da stimme etwas nicht ganz und ihr inneres Leben sei in einer gewissen Routine erschlafft. Nun hörte man gerade damals von einer neuen Gemeinschaft, die sich in Zürich gebildet hatte und die man Darbisten nannte. Dort werde, wie man sagte, die Lehre viel interessanter und viel mehr nach dem Geist Christi verkündet als in der Herrnhuter Gemeinde. Nachdem sie dieser neuen Gemeinschaft eine Zeitlang entgegengetreten war, entschied sie sich endlich, sich ihr zu öffnen. Sie erzählte später:

„Begierig, etwas Neues zu hören, nahm ich meinen Platz in jener kleinen Versammlung ein. Wir hatten in Männedorf immer dieselben Brüder, die uns erbauten, und ihre Predigt hatte einen sehr unbestimmten und allgemeinen Charakter. So hatte ich seit Jahren die Bibel nur von einem einzigen, ziemlich monotonen Gesichtspunkt auslegen hören. Nun las an diesem Tag der Versammlungsleiter im 24. Kapitel des 1. Buches Mose die Geschichte von der Verheiratung Isaaks. Er wies beim Auslegen dieser schönen Geschichte auf die Vereinigung der Seele mit dem Heiland und die Wirkung des Heiligen Geistes hin, der die Seele zubereitet, daß sie sich für Christus entscheide. Alles das war für mich sehr neu. Es war ein geistliches Mahl, wie ich noch keines gehabt hatte. Ich sog die Worte des Predigers nur so auf. Als die Ansprache beendet war und ich sah, wie man sich anschickte, das Abendmahl zu nehmen, behielt ich meinen Platz. Ich war glücklich, unter solchen Geschwistern zu sein. Als aber die Reihe an mich kam, wurde ich von dem, der das Brot und den Wein herumreichte, absichtlich übergangen, was mich betrübte und sehr unruhig machte. Nachher kam er zu mir und sagte: ‚Da ich Sie nicht kenne, konnte ich Sie nicht am Brotbrechen teilnehmen lassen. Sagen Sie mir, haben Sie den Heiligen Geist empfangen?'

Diese Frage brachte mich erst recht in Verlegenheit. Ich war erstaunt, so gefragt zu werden und zu erken-

nen, daß man meine Gotteskindschaft in Frage zog —
war ich doch in Männedorf als eines der eifrigsten Kinder Gottes bekannt. Ich antwortete jedoch ganz offen,
daß man zu mir nicht viel vom Heiligen Geist gesprochen habe, aber daß ich glaube, im Blut Jesu Christi die
Vergebung meiner Sünden zu haben.

‚Das ist nicht eine Antwort auf meine Frage‘, erwiderte
er. ‚Sie müssen wissen, ob Sie den Heiligen Geist empfangen haben; und wer ihn empfangen hat, weiß es.
Lesen Sie nur das erste Kapitel an die Epheser und das
achte an die Römer.‘ Ich kannte diese beiden Kapitel
wohl. Die kurze Aussprache machte auf mich einen tiefen Eindruck. Mir war klargeworden, was ich oft empfunden hatte: ich war mangelhaft belehrt worden, und
das machte sich in meiner geistlichen Entwicklung spürbar! So beschäftigte mich denn auf dem Heimweg der
eine Gedanke: Ich muß um jeden Preis zu einer völligen
Klarheit gelangen.

Zu Hause angelangt, ging ich mit den andern zu gleicher Zeit ins Bett. Als aber alle eingeschlafen waren,
stand ich auf und brachte die Nacht im Gebet und Flehen zu, indem ich mit Gott rang um das Licht, das mir
fehlte. Voller Angst, aber zu gleicher Zeit auch voller
Hoffnung, hielt ich mich an die Treue meines Gottes
und wußte, daß er mich erhören würde.“

Um diese Zeit hatte Dorothea noch ein anderes Erleb-
nis, auf das sie einen großen Wert legte. „Mehr als einmal erzählte sie es“, berichtet Arnold Bovet, „etwa so:
Was mich am meisten beschäftigte und mir am Herzen
lag zur Zeit, als ich bei meinem Neffen wohnte, war
seine Bekehrung. Er hatte einen heftigen Charakter,
und obgleich er einen vor Menschen rechtschaffenen und
frommen Wandel führte, liebte er die Welt und wußte

nichts von einem neuen Leben. Ich hatte ihn oft ermahnt und betete täglich für ihn. Eines Morgens, als ich an meinem Fenster saß — es mochte wohl 5 Uhr sein —, hörte ich ihn heftige Worte reden und an die Tür klopfen. Sofort fing ich an, für ihn zu beten, und rief: ‚O Gott, wann wirst du endlich diesen armen Jakob bekehren?‘ Kaum hatte ich ausgeredet, da hörte ich die Worte: ‚Bekehre dich selbst, bevor du andere bekehren willst!‘ Diese Worte waren mit einer feierlichen Stimme, voller Sanftmut und doch mit Vorwurf ausgesprochen. Ich war wie vom Blitz getroffen und vernichtet. Mein ganzes Leben zog in einem Augenblick an mir vorüber: alles war Schmutz und Sünde — mein Stolz und meine Selbstsucht klagten mich ganz besonders schrecklich an. Alles, was ich getan hatte, schien mir dem Urteil Gottes verfallen, und ich selbst war in den Staub gebeugt. Es schien mir, als ob man mich ganz entblößte. Gleichzeitig sah ich vor meinen Augen meine ganze Bibel vorüberziehen. Auf jeder Seite leuchtete ein einziges Wort: ‚Ich, der Ewige, ja ich bin es; es gibt keinen anderen als mich!‘

Ich blieb lange Zeit in einer tiefen Bestürzung, und meine Schwester glaubte, daß ich den Verstand verloren hätte. Dieser Zustand dauerte mehrere Tage. Ich entwich oft aus dem Haus, um im Wald umherzuwandern. Dort wurde es endlich nach langen, angstvollen Stunden licht in meiner Seele. Die Überzeugung, daß Jesus, der Gekreuzigte, mich nie verlassen werde, gab mir den Frieden wieder. Nun befand ich mich in einem Zustand des Friedens, der Glückseligkeit, der Entzückung, wie er schwer zu beschreiben ist. Ich lebte in einer anderen Welt, in einer inneren, ununterbrochenen Gemeinschaft mit meinem Gott. Das irdische Leben fortzusetzen schien mir fast unmöglich, und ich fühlte mich wie verwandelt. Nach Verlauf von drei Wochen war ich noch so eingenommen von den Vorgängen in meinem inneren Leben, daß ich Gott bitten mußte, die Lebhaftigkeit dieser Eindrücke zu verringern, damit ich wieder mein Tagewerk tun konnte."

Seit jener denkwürdigen Krise wurde das geistliche Leben von Dorothea Trudel gänzlich erneuert. Sie prüfte ihre Vergangenheit streng und erkannte, daß sie in den fünfzehn Jahren, seit sie sich zuerst bekehrte, zuviel das Eigene gesucht und zuviel geistlichen Hochmut bewiesen hatte. Von da an nahm sie in Demut und Liebe ihre Arbeit wieder auf.

Im Zusammenhang mit diesen Erlebnissen gewann sie auch eine neue Einstellung zu ihrer Krankheit. Sie hatte ihr Rückenleiden geduldig getragen, bis sie es schließlich verlor. Dafür traten plötzliche Herzattacken auf, bei denen sie blaß wurde. „Wenn mir in jener Zeit etwas nicht gefiel, bekam ich das Herzweh. Und wenn ich mich dann selber prüfte, so zeigte mir der Herr, daß diese Anfälle aus einem falschen Verhalten gegenüber den Mitmenschen stammten. Ich bat nun den Herrn um Vergebung. Er konnte mir vieles sagen, und das Herzweh verlor sich."

Das geduldige Tragen der Leiden hatte sie bisher als eine Leistung aufgefaßt, die sie vor Gott gefällig machte. Mit dieser Geduld glaubte sie sich ruhig vor Gott zeigen zu dürfen. Aber jetzt war ihr die biblische Grundwahrheit aufgegangen, daß unsere Leistungen vor Gott immer ungenügend seien, und daß das richtige Verhältnis zu ihm erst dann beginnen könne, wenn wir gar nichts seien, wenn nur das, was er uns gibt, etwas wert sei. Ihr Lieblingsvers war nun:

„Mein Name vor der Welt vergehe,
damit er dort geschrieben stehe;
hier unbekannt und unbenannt;
dort vor des Vaters Thron bekannt."

Auf dieser Grundlage ist es dann auch zu jenem Ereignis gekommen, das Dorothea Trudels äußeres Leben
mit der Zeit völlig umgestaltet hat — zur *ersten Heilung von Kranken.*

Wie das zuging, schildert sie in dem Schreiben, mit dem
sie, unbefugter ärztlicher Tätigkeit angeklagt, sich gegenüber der Gesundheitsdirektion gerechtfertigt hat:

„Wir waren damals in einer großen Not. Es wurden
nämlich etwa fünf Arbeiter krank, die bei meiner seligen Schwester Sohn, bei Herrn Dändliker, beschäftigt
waren. Sie alle brauchten den Arzt. Obschon ich nun
fest auf den Heiland vertraute, daß er mein Arzt ist,
hatte ich doch bis zur selben Stunde noch zu nieman-
dem gesagt: ‚Mach es wie ich!', denn das ist Glaubens-
sache, das muß man von sich aus tun.

Da stieg die Not mit diesen Kranken so hoch, daß ich
acht Nächte bei ihnen weilte und alle ärztlichen Vor-
schriften mit aller Pünktlichkeit befolgte, und doch
wurde es immer ärger mit ihnen. Einer hatte die Unter-
leibsentzündung, die andern waren sonst sehr krank.
Weil es immer schlimmer mit ihnen wurde, trieb es mich
Tag und Nacht ins Gebet und in das Wort Gottes hinein. Das 28. Kapitel des 5. Buches Mose brachte mich
so ins Nachdenken, daß ich keinen Rat wußte und auch
niemand um Rat fragen konnte. Ich verschloß mich in
meine Kammer, sank dem Heiland im Glauben zu Füßen, ganz so wie wenn ich ihn sehen könnte, und sagte:
‚Es steht da im Jakobusbrief, was man tun muß, wenn

man krank ist. Ich habe dein Wort als Wahrheit an meinem Herzen erfahren, und darum, weil jeder Buchstabe darin Wahrheit ist, so kannst du nicht anders als denen, die glauben, wie die Schrift sagt, auch halten, was darin steht. Du weißt, daß ich glaube, und im Vertrauen, daß du hältst, was geschrieben steht, bitte ich dich, komm du selbst mit mir und leg den Segen auf dein Wort. Ich glaube fest, daß es nicht hilft wegen meiner Hand, sondern deswegen, weil dein Wort es sagt.'

Als ich zum ersten ging, erfuhr ich, daß des Herrn Wort Wahrheit ist und daß er seine Verheißung erfüllt. Ich ging zum zweiten und sagte: ,Sieh, der Apostel Jakobus sagt, was man tun soll (Jak. 5, 14. 15). Aber ich habe dem Heiland gesagt, ich könne hier keinen Priester holen, der so nach dem Wort Gottes tut. Jetzt wollen wir glauben, der Herr tue es selbst; ich oder wir wollen beten.' Es währte nur wenige Minuten, so rief der Kranke: ,Die furchtbaren Schmerzen sind weg!', und wir dankten dem Herrn.

Obgleich der Herr sich da an allen mächtig erwiesen, so dürft Ihr mir glauben, daß mir kein Gedanke daran kam, daß ich meinen bisherigen Beruf verlassen und den Kranken nachgehen wollte. Und wenn ich auch in selbiger Zeit Kranke besuchte, so gehörte das zur höchsten Seltenheit, und die Not mußte groß sein, ehe ich es tat.

Etwa ein Jahr später wurde mir wiederholt geschrieben, daß ich nach Schaffhausen kommen solle. Meine liebe Schwester drang in mich, ich solle gehen. Ich war noch gar nicht lange dort, so sank die Frau zu Boden, sie bekam einen Anfall. Ich nahm sie in die Arme und bat still den Herrn. Doch erholte sich die Frau. Es war

Frau Schalch von Schaffhausen. Sie sagte zu mir: ,Was ist das? Es wurde mir ganz so wohl, wie wenn ich bei Herrn Pfarrer Blumhardt wäre.' Ich kannte diesen Pfarrer nicht, aber erwiderte: ,Der Herr Pfarrer wird lebendig an Jesus Christus glauben und der Kraft seines Blutes alles zutrauen.' — ,Ja, so sagt er auch wie du.' Ich wollte in einigen Tagen wieder heim, aber sie ließ mich nicht so schnell gehen. Wir erlebten selige Tage und stärkten uns in Gottes Wort. Diese Leute erzählten mir viel von Pfarrer Blumhardt, wie viele Wunder dort geschehen und was sie, die vorher an solches nicht glaubten, dort erfahren. Ich erzählte ihnen, was der Herr besonders an einem unserer Arbeiter getan hatte. Die Leute fragten mich: ,Was tust du jetzt?' Ich sagte, ich sei eine Blumenbinderin und habe einen sehr schönen Beruf. Sie aber entgegneten, ich beginge eine Sünde, wenn ich dabei bliebe, denn ich sähe ja jetzt, wie der Herr mit mir sei. Auch durch sie ließ ich mich nicht bewegen, weil ich mich noch nicht berufen fühlte.

Ich bekam aber großes Mitleiden vornehmlich mit den Frauen, die nicht in Wort und Tat nach Gottes Wort leben, weil ich klar einsah, daß das Wort Gottes seine Kraft nur da beweist, wo man in allen Dingen in die Nachfolge eingeht. Auch erfuhr ich da erst recht die Seligkeit eines wahren Gläubigen, der in der Tat sagen kann: Die Liebe Christi dringt mich. Doch an eine Anstalt oder Leute ins Haus zu nehmen, kam mir auch da noch kein Gedanke; denn es brauchte nicht wenig Überwindung, seelisch Zerrüttete ins Haus aufzunehmen und bei ihnen zu wohnen. Das war etwas anderes, als sie nur besuchen und wieder heimzugehen und heiter und froh seinem Heiland zu leben.

Der Herr zeigte mir in dieser Zeit recht mächtig viel,

was zur völligen Vernichtung des eigenen Ichs diente. Da erkannte ich erst recht, daß nicht die leiblichen Krankheiten das Einssein mit Gott bewirken — auch wenn wir sie mit unüberwindlicher Geduld ertragen, wie ich es getan hatte —, sondern nur die Ausgießung der Liebe Gottes ins Herz. Ich wußte vorher nicht, was es heißt, eine Null sein. Ja ich darf wohl sagen, ich glaubte, ich sei bekehrt. Aber der Herr öffnete mir die Augen, daß mein Herzleiden, das ich bis auf diese Stunde noch hatte, wenn schwere Proben über mich kamen, sich als die Folge der Leidenschaften des alten Menschen erwies und daß, wenn ich die Liebe 1. Korinther 13 hätte, die keine Ungerechtigkeit mehr achtet, ich das Herzweh nicht mehr bekäme. So war es auch.

Im Jahre 1852 zog ich von meinem Neffen fort zu meinen Geschwistern, die im Hause des Onkels wohnten, und habe dort in meinem Beruf weitergearbeitet. Dabei aber versprach ich meinem Heiland, mein ganzes Leben nur andern Seelen zu widmen und neben meiner Arbeit verwirrte Kranke in Irrenhäusern zu besuchen. Aber ich dachte damals mit keinem Gedanken daran, Verwirrte und Kranke in mein Haus aufzunehmen. Ich glaubte auch damals noch, nur für die Meinigen und Krankenbesuche bestimmt zu sein."

Es kam jedoch anders. Aus ihrem kleinen Häuschen, das nur eben Platz für eine mittelgroße Familie bot, wurde das, was man damals eine Anstalt nannte. Wie das zuging, hat sie der Gesundheitsdirektion ebenfalls berichtet. Sie schreibt: „Von dieser Zeit an (nämlich nachdem sie das Haus ihres Neffen verlassen und zu ihrer Schwester Katharina umgesiedelt war) währte es nicht mehr lange, so brachte man uns Verwirrte. Die erste im Haus war Regula Walder, die zweite Frau Pfarrer März.

Diese Mutter von zwölf Kindern, die eine traurige Zeit im Irrenhaus zugebracht hat, ist in unserem Haus in neun Wochen gerettet worden. Nachdem sie gesund war, blieb sie noch fünf Wochen zur Stärkung hier und hörte nicht auf mit Bitten und Anhalten, bis ich ihr versprach, wenn ohne mein Suchen die Zahl sich vergrößere, so wolle ich ein zweites Haus kaufen. Dies geschah auch im April 1857. Der Herr wirkte mächtig an den Kranken, so daß wir nur loben und danken konnten.

Da auf einmal, ohne einen Gedanken an etwas zu haben, wurde ich vor den Herrn Statthalter zitiert. Mit der Begründung, wir hätten durch unbefugte Behandlung von Kranken gegen das Medizinalgesetz verstoßen, wurden wir mit sechzig Franken bestraft, und es wurde uns geboten, innerhalb einer gewissen Zeit alle Kranken fortzutun. Obwohl das die schwersten Tage meines Lebens waren, so befolgte ich doch das Gebot. Doch die so schnell leer gewordenen Häuser füllten sich fast ebenso schnell wieder mit Blinden, Lahmen, Tauben, an denen der Herr sich mächtig erwies."

Die Wirksamkeit der Dorothea Trudel

In dieser kleinen Anstalt erschien im Oktober 1860 ein vornehmer Herr mit seinem 17jährigen Sohn, der mühsam an Krücken ging. Nach vielen vergeblichen Badekuren wollte man es noch in Männedorf versuchen. Dem Vater lag viel daran, für seinen Sohn einen guten Eindruck bei Dorothea Trudel zu machen. Er rühmte deshalb vor allem dessen Liebenswürdigkeit und Geduld und meinte, er sei der reinste Engel. Da war er aber bei der „Döde", so nannte man Dorothea Trudel im Volk, falsch angekommen. „E schöne Engel mit Chrucke. Ja, ja, d' Höll isch voll vo so liebenswürdige Bursche." Die beiden ließen sich aber durch diese harten Worte nicht abschrecken, weil sie die echte Liebe, die daraus sprach, verspürten, und aus dem kurzen Besuch wurde ein achtmonatiger Aufenthalt des Sohnes in Männedorf, der ihm eine innere Verwandlung und und eine langsame körperliche Heilung brachte.

Dieser junge Mann war Arnold Bovet*. Von ihm lassen wir uns nun erzählen, wie er Dorothea Trudel und ihr Wirken in Männedorf erlebt hat:

„Die hauptsächliche Macht Dorotheas war das Wort Gottes. Jeder Mahlzeit schloß sich eine Betrachtung des Wortes an. Zürcher Brauch waren täglich vier Mahlzeiten. So leitete Dorothea Trudel als Familienmutter die vier Bibelbesprechstunden um halb neun, um eins, um fünf und um acht Uhr abends. Die Andacht um fünf Uhr war besonders dem Gebet gewidmet. Jede dieser Versammlungen dauerte eine Stunde, und die am Morgen oft noch länger. Lange Zeit beschränkte sich die Hausmutter darauf, eine Predigt von Hofacker oder einige Seiten von Kolb, einem Schüler von Michael Hahn, vorzulesen. Später fing sie an, über das Gelesene selbst einige Bemerkungen zu machen. Sie las gewöhnlich das im Losungsbuch der Brüdergemeine angegebene Kapitel. Auch zog sie wohl aus einem tausend Bibelstellen enthaltenden Kästchen mit Gebet einen Spruch. Kaum

---

* Arnold Bovet (1843—1903). Pfarrer in Sonvilier im Bernischen Jura, von 1875 an Pfarrer der freien Gemeinde in Bern. Er ist in der Erweckungsbewegung hervorgetreten, war ein Förderer der Allianz und gehört zu den Vätern des Blauen Kreuzes in der Schweiz. Er war ein liebenswürdiger Mann der Tat, der die Gabe hatte, für jeden einzelnen gerade das Arbeitsgebiet herauszufinden, für das er sich besonders eignete.

war sie fertig mit Lesen, so sprach sie ungefähr eine Stunde lang mit seltener Freimütigkeit, Kraft und Liebe.

Sie fühlte sich nicht berufen, zu lehren oder die Bibel auszulegen, sondern die vor ihren Augen vorüberziehenden Verse gaben ihr Anknüpfungspunkte, von den Dingen zu reden, die ihr am Herzen lagen. Ihre Rede war nicht so sehr ein Unterricht, sondern ein Zeugnis, das sie für die Treue, Heiligkeit und Kraft Gottes ablegte. Wenn sie von ihren eigenen Erfahrungen sprach, gab der Reichtum ihres inneren Lebens ihrem Wort eine große Autorität. Sie war streng, aber doch auch wieder sehr ermutigend. Bis in ihre letzten Verschanzungen verfolgte sie lauwarme und halbweltliche Frömmigkeit. Sie wollte um jeden Preis die Seelen in persönliche Beziehung zum lebendigen Heiland bringen, ohne Furcht, dabei einen falschen Frieden zu trüben und eingebildete Hoffnungen zu zerstören. Die Erinnerung an die 15 fruchtlosen Lebensjahre vor ihrer ‚wahren Bekehrung‘ drängte sie, jeden zu veranlassen, die Verheißungen Gottes ernst zu nehmen und nach völliger Befreiung von der Sünde und nach einem Leben ganzer Hingabe an Jesus zu trachten.

Was sie dem einzelnen anempfahl, hätte sie gerne in der ganzen Gemeinde verwirklicht gesehen. Sie war traurig über den Mangel an geistlichen Gaben, der ihr überall entgegentrat. Mit großem Ernst betonte sie die Notwendigkeit eines Christentums, wie man es zur Zeit der Apostel kannte, und daß die wahrhaft umgewandelten Herzen eine überströmende Ausgießung des Heiligen Geistes erleben müßten. Ihre Ansprachen brachten so viel Anregung, daß man den vier täglichen Versammlungen beiwohnen konnte, ohne zu ermüden. Mit immer neuer Freude und Erwartung nahmen jung und alt ihre Plätze ein, zuerst um den allgemeinen Tisch und später, als die Zahl der Kranken sich vergrößert hatte, in einem kleinen, diesem Zweck entsprechenden Saal.

Während der Versammlung ließ sie je eines der Kranken sich zu ihrer Rechten und zur Linken setzen, um ihnen dann während ihrer Rede und des Gebets die Hände aufzulegen. Es trug sehr zur Würde ihrer Haltung bei, daß sie während ihrer Rede keinerlei Bewegungen machte. Ihr mächtiges und eigenartiges Zeugnis beeindruckte stets die Bewohner ihres gastfreien Hauses. Die Angestellten sowohl als die Kranken lebten dort unter einer starken geistlichen Disziplin. Unnütze Worte und Flattergeist waren aus dieser kleinen Gesellschaft wie gebannt. Man fühlte sich gestraft und innerlich gezogen. Viele Illusionen verschwanden, und man fing an, mit Angst nach Licht und Vergebung zu seufzen. Außerdem wurde jedes persönlich beiseite genommen, und in den Tiefen der Herzen spielten sich Kämpfe ab, vollzogen sich Auslieferungen, deren glückbringende Wirkungen sich heute noch in mancher Familie spürbar machen. Auch im Dorf kamen zahlreiche Bekehrungen vor, besonders unter den jungen Leuten.

Ein solcher Einfluß rief auch Widerspruch hervor. Dorothea Trudel blieben Verfolgungen nicht erspart. Ein Schmied, der sich ärgerte, daß mehrere seiner Kameraden durch diese Bewegung angesteckt waren, nahm sich vor, ‚Ordnung dort hineinzubringen‘. Eines Abends, als man zur Abendandacht versammelt war, füllte er seine Taschen mit Steinen und näherte sich dem Haus, entschlossen, die Fenster einzuwerfen und die Versammlung aufzulösen. Aber es war im Sommer. Die Fenster standen weit offen, und er konnte seinen Plan nicht ausführen. Während er über ein neues Mittel nachsann, hörte er draußen Dorotheas Worte, die wie feurige Pfeile in sein Herz drangen. Er wurde wie von einer unsichtbaren Gewalt ergriffen. Seine Augen wurden über seinen moralischen Zustand geöffnet, und von Stunde an erkannte er sich als einen elenden Sünder. Er ließ allmählich seine Steine fallen und hörte die Rede bis zu Ende an. Dann ging er in den Saal, bekannte Dorothea seine Sünde und seine Torheit und erklärte, er sei entschlossen, ein neues Leben anzufangen. Freudestrahlend betete sie sogleich mit dem jungen Mann, der bald ein eifriger Jünger Jesu und später Missionar in Afrika wurde.

Eines Tages wurde Dorothea das Opfer einer schändlichen Verleumdung, die ein junger Mann zu seinem Vergnügen verbreitet hatte. Das ganze Dorf war in Aufregung. Die Welt bemächtigte sich mit Eifer dieser Waffe, und die arme Dorothea, die damals noch nicht so zahlreiche Freunde hatte wie später, wurde für einige Zeit kränkend beschimpft. In ihrer Bestürzung wandte sie sich an Gott und verbrachte Stunden und Nächte im Gebet für die Rettung des unglücklichen Verleumders. Welche Überraschung, als eines Abends ein junger Mann sie in großer Angst besuchte und erklärte, er sei der Urheber dieser Verleumdung und bitte sie um Verzeihung!

An Kritik fehlte es natürlich auch nicht. Immer wieder mußte sie sehr strenge Zurechtweisungen hören, daß sie als Frau gegen das ausdrückliche Verbot des Apostels Paulus sich die Freiheit herausnähme, das Evangelium in ihrem Hause zu verkündigen vor einer Zuhörerschaft, die immer zahlreicher wurde, ja, die an den Sonntagnachmittagen bis auf einige hundert Personen stieg. Als Antwort auf diese Bemerkungen erzählte sie, wie sie nach und nach dazu veranlaßt worden sei, so zu handeln, und wieviel Segen Gott bei verschiedenen Gelegenheiten ihr in diesem Teil ihrer Tätigkeit geschenkt hatte.

Was ihrem Wort große Autorität verlieh, war das Beispiel völliger Selbstverleugnung und unerschöpflicher Nächstenliebe, das sie jedem gab. Durch die zahlreichen Heilungen wurde sie immer weiter bekannt. Der Andrang wurde immer größer, und ihr Mitleid für die Unglücklichen erlaubte ihr nicht, die sich an sie wandten zurückzuweisen. Auch in dieser Angelegenheit bat sie Gott regelmäßig, er möchte ihr nur solche schicken, die wirklich kommen sollten, solchen aber den Weg versperren, die er selbst nicht dazu bestimmt hatte. Sie wiederholte täglich diese Bitte mit demselben Vertrauen, empfing jedermann, angemeldet oder unangemeldet, und fand immer Mittel und Wege, diejenigen unterzubringen, die ihre Liebe nicht zurückweisen konnte. Ihre Mitarbeiterinnen waren oft beunruhigt, wenn sie die Zimmer in Schlafsäle verwandelt sahen. Aber Dorotheas Glaube richtete ihren Mut wieder auf und schien die scheinbar unüberwindlichen Schwierigkeiten zu beseitigen. Ihre Schwester, die den Haushalt führte und oft etwas besorgt war, machte zuweilen Einwendungen. Eines Tages, als außergewöhnlich viele Kranke ankamen, befragte Dorothea den Herrn durch eine Bibelstelle, die sie unter Gebet gezogen. Sie kam strahlend zurück und zeigte ihrer Schwester die Stelle: ‚Wie soll ich dieses hundert Männern vorsetzen? Und er sprach: Gib es den Leuten, daß sie essen! denn so spricht Jehova: Man wird essen und übriglassen‘ (2. Kön. 4, 43).

Sie selbst besaß in den drei mit Kranken angefüllten Häusern nicht einen Winkel, nicht einmal ein eigenes Bett. Der Raum, den man ‚Mütterlis‘ Zimmer nannte, war eine Art Wartezimmer ohne Bett, in das sie die Neuangekommenen und die sie sprechen wollten zu führen pflegte. Dort versammelte sie auch am Abend, wenn alle sich zur Ruhe begeben hatten, ihre Mitarbeiterinnen, freiwilligen Dienstmädchen und einige Vertraute. Man sprach noch einen Augenblick zusammen, man aß einen Apfel oder eine Brotkruste, jedes zog für sich noch einen Spruch, und dann sagte sie: ‚Jetzt, Kinder, auf unsere Knie!‘ Dann fingen die Gebete und Fürbitten für die schwersten Fälle und die dringendsten Anliegen von neuem an.

Jedes hatte dem Herrn aller Herren ein Anliegen zu bringen. Am Schluß wandte sie sich an ihre Stütze mit der Frage: ‚Wo soll ich diese Nacht hingehen?‘ Nach einer kurzen Besprechung entschied man sich für die, die am meisten zu leiden hatten oder am gefährlichsten krank waren, oder für die unruhigsten Geisteskranken. Darauf nahm sie aus ihrem Schrank ihre Nachtsachen und ging, mit ihrem Bündelchen unter dem Arm, etwa über die Straße, um bei einer ihrer Kranken zu schlafen, sie in ihren Armen haltend, damit sie ihr noch während des Schlafes Trost und Fürsorge spenden könne. Es ist vorgekommen, daß sie eine ganze Nacht zwischen zwei irrsinnigen Frauen gelegen hat, die sie zu beruhigen suchte. Den nächsten Morgen saß sie schon vor 7 Uhr frisch und voller Liebe oben am Frühstückstisch mit der Klingel in der Hand, um zur Stille zu mahnen, ehe man betete und das Brot brach.

Wenn es sich um einen schwerkranken Mann handelte, kam es vor, daß sie ganze Nächte an seinem

Kopfende oder zu seinen Füßen auf einem Schemel saß und dem Kranken die Hände auflegte. Das war jedoch eine Ausnahme. Wir erinnern uns, daß sie mehrere Nächte hintereinander auf einem Schemel am Fußende eines Feldbettes saß, auf dem ein armer Schlucker lag, bei dem Gangräne (Gliedbrand) eingetreten und die große Fußzehe abgefallen war. Eines Nachts jedoch geschah es, daß sie abgemattet, erschöpft und halb erstickt durch den widerlichen Geruch, den die Wunde ausströmte, eine Klage entschlüpfen ließ und nach ein wenig Ruhe seufzte. In demselben Augenblick fühlte sie ihre ganze Energie schwinden, und sie war nahe daran, zusammenzubrechen. Aber sie überwand ihre Schwäche und sah in ihrer Klage eine schreckliche Versuchung. Sie war entrüstet darüber und sagte: ‚Wenn ich mich beklage, bin ich verloren!‘ Mit einem neuen Glaubensaufschwung blickte sie auf ihren Heiland und erkannte, daß es ein Vorrecht ist, leiden zu dürfen, und daß in ihrer Schwachheit Gott seine Kraft mächtig erweisen will. Dieser Glaubensakt vernichtete plötzlich alle Angst, selbst alle Müdigkeit, so daß sie für den Rest dieser Nacht wunderbar gestärkt wurde. Am nächsten Morgen ging sie ebenso erquickt an die Arbeit, als hätte sie eine friedliche, sanfte Nacht gehabt, und der Kranke wurde geheilt.

Im Gebet lag das Geheimnis aller ihrer Siege, und Gott antwortete ihr auf die verschiedenste Weise. Die einen erhielten Erleichterung nur dadurch, daß sie in sich gingen, ihre Fehltritte bekannten und sich wie die Brüder Josephs fragten: ‚Was hat Gott uns da getan?‘ Andere wurden aus ihrem Zustand der Gleichgültigkeit und des Unglaubens durch eine unmittelbare Hilfe des Herrn herausgerissen. Dies erlebte ein junger Arbeiter, der infolge eines schlechten Lebenswandels schwer erkrankt war. Von dem Tag an, wo er seine Sünde nicht allein Gott, sondern auch den Menschen bekannte, fühlte er sich an seinem Leib erquickt. Und als er sein Gewissen durch das Geständnis seiner größten Sünde erleichtert hatte, ging es ihm immer besser bis zur vollkommenen und unverhofften Heilung.

Dorothea wurde auch enttäuscht. Manchmal kehrten ihre Kranken, nachdem sie geheilt waren, zum Bösen zurück. Aber niemals ließ sie sich entmutigen. Sah sie, daß jemand, der nicht im Glauben stand, dem Tode nahe war, so verdoppelte sie ihren Eifer. Dann hielt sie kühn dem Herrn seine Verheißungen vor und bat ihn, das Leben solcher Unglücklichen zu verlängern, bis sie das Heil in Christus gefunden hätten.

‚Wovon das Herz voll ist, davon geht der Mund über.‘ Sowohl in Dorothea Trudels biblischen Erklärungen als in ihren besonderen Unterhaltungen wie in ihrer Korrespondenz fand sich immer derselbe Gedanke: ‚Eins ist not.‘ Wandte man sich an sie um Rat, so zeugte ihre Antwort von ebenso großer Gerechtigkeit als Liebe. Ganz durchdrungen von der Kraft, die die lebendige Gemeinschaft mit Jesus gibt, beeinflußte sie alle, die sich ihr näherten. Wenn auch der erste Eindruck dem alten Menschen nicht angenehm war, so dauerte es doch nicht lange, bis man die gesegneten Wirkungen ihres Einflusses an Leib und Seele verspürte. Dorothea stand dem Herrn in der Person derer, die zu ihr kamen, mit Leib und Gut zur Verfügung.

In ihren Häusern war alles reinlich, aber äußerlich einfach. Die einfachen Mahlzeiten waren immer reichlich und wohl zubereitet. Von den reichen Leuten nahm sie wöchentlich zehn Franken und von den andern fünf.

Arme, die sich in Menge von selbst meldeten, wurden stets umsonst aufgenommen. Um alle Ausgaben nun bestreiten zu können, beschäftigte man statt angestellter Dienstboten Hausbewohner, die in der Genesung standen. Besonders die jungen Leute wurden herangezogen zum Aufwaschen, Wäschelegen und anderen Arbeiten. So beliebt war Dorothea Trudel, daß es für die Kranken eine Freude und ein Vorrecht war, für sie arbeiten zu dürfen."

Die Ausführungen von Arnold Bovet ergänzen wir nun noch durch die Erinnerungen, die Pfarrer August Bächtold* aufgeschrieben hat. Sie geben ein ganz persönliches Bild von der Atmosphäre, die im Hause der Dorothea Trudel geherrscht hat. Er schreibt:

„Ich sah Dorothea Trudel zum erstenmal im Frühjahr 1858 in Basel gegen Ende meines zweiten Studienjahres. Ein Brief aus Basel an meinen lieben Vater meldet darüber folgendes: ‚Letzthin haben wir eine interessante Person kennengelernt, nämlich Dorothea Trudel von Männedorf, die durch die Gabe der Krankenheilung bekannt geworden ist. Sie war — wie ich Euch mündlich erzählt habe — bei Herrn Dr. Marriott, um seine kranke Frau zu pflegen. Mit unendlicher Liebe und Ausdauer betreute sie die Kranke Tag und Nacht. An Gebet um körperliche Heilung war, wie sie sagte,

* Carl August Bächtold, geboren am 15. Februar 1838 als Sohn des altreformierten, streng landeskirchlichen Pfarrers von Merishausen, Kanton Schaffhausen. Nach dem Studium der Theologie in Basel und Tübingen und Studienreisen in Frankreich und England wurde er Vikar in Gächlingen und 1869 Pfarrer der Steig-Gemeinde in Schaffhausen. Er hat sich auch durch historische Arbeiten zur Geschichte der Stadt Schaffhausen hervorgetan, eine Tätigkeit, die durch Verleihung des Ehrendoktors durch die Universität Zürich ausgezeichnet wurde. Nach mehr als 40jähriger Wirksamkeit im Pfarramt hat er sich noch bis zu seinem Tode 1912 als Stadtarchivar betätigt.

gar nicht zu denken. Die arme Frau war nämlich während ihrer langen Krankheit in eine solche Finsternis der Seele hineingeraten, daß nach Aussage der Dorothea Trudel die bösen Mächte, die sie umstrickt und gefangen hielten, für die Betende eigentlich furchtbar zu verspüren waren und auch sie zu fällen drohten. Aber sie wich dem Satan nicht und vermochte endlich nach langem Kampf durch unausgesetztes Gebet die arme Seele der Kranken der sie umlagernden Hölle wieder zu entreißen. So waren ihre letzten Tage noch Tage des köstlichsten Friedens und himmlischer Freude, und sie schied mit den Worten »Mein allerliebster Heiland« aus dieser Zeit. Herr Dr. Marriott konnte nicht trauern, sondern nur loben und danken. Dorothea Trudel blieb nun noch mehrere Tage bei ihm und wurde natürlich sehr fleißig besucht. Mehrere Kranke wurden geheilt.

Ein Freund, der sie schon früher einmal in Männedorf besucht hat, führte uns nun auch einmal zu ihr, was uns sehr erwünscht war. Sie ist ein ganz kleines Fräulein, gegen 50 Jahre alt, mit einem Höcker, ganz unansehnlich und anspruchslos, bescheiden, lebhaft, fröhlich, witzig, durchaus nicht schwärmerisch, ungeheuer bewandert in der Heiligen Schrift. Sie erzählte uns allerlei von ihren Erfahrungen, von ihrer Bekehrung und ihren Krankenheilungen. An einem Abend nach dem Nachtessen gingen wir, unser etwa zwölf Studenten, zu Dr. Marriott. Wir setzten uns alle um den Tisch herum. Sie erzählte uns ganz einfach und ungeniert von ihren Erfahrungen im christlichen Leben. Wir fragten sie dieses und jenes. Dann wurde gesungen, ein Psalm gelesen und zuletzt auf den Knien gebetet. Ihr Gebet war außerordentlich kraftvoll, biblisch, einfach und zuversichtlich.

Ich blieb nachher noch allein da, um ihr etwas zu sagen. Ich war nämlich seit längerer Zeit etwas stark auf der Brust angegriffen. Das Atmen wurde mir sehr schwer, und wenn ich etwas Längeres laut vorlas, so wurde ich sehr müde und schwindelig. Das hatte ich schon den letzten Winter, über den Sommer verlor ich es fast ganz. Diesen Winter kam es aber wieder, und namentlich seit ich bei Euch zu Hause war vor drei Wochen, steigerte sich das Übel unaufhörlich. Ich konnte gar nicht mehr singen, mußte alle Augenblicke stark aufatmen und bekam doch nie genug Luft. Die Sache beängstigte mich natürlich je länger, je mehr; denn ich sah, daß ich unter solchen Umständen nicht predigen könnte, also ohne Zweifel mein Studium aufgeben müsse. Das erzählte ich nun Dorothea Trudel mit wenig Worten. Sie fragte mich nach meinem Namen und sagte dann: »Nur geglaubt, da wird's schon besser werden!« Das war letzten Donnerstag abends um 10 Uhr.

Am andern Tag wollte das Ding gar nicht besser gehen. Da ging ich samstags darauf, am letzten Tag, da sie in Basel war, noch einmal zu ihr mit einigen Freunden. Dorothea Trudel war sehr lustig und freundlich, erzählte manches, betete und nahm dann Abschied von uns. Dabei versicherte Sie mir, ich werde ganz gewiß gesund werden, ich müsse nur glauben. Gut, ich ging nach Hause. Mein Übel wurde immer schwächer, und am Montag abend war alles vorbei, und bis jetzt habe ich nichts mehr davon verspürt. Nun, was meint Ihr? Lebt ein Gott im Himmel? Oder ist das alles nur Zufall? Erhört der Herr die Gebete seiner Gläubigen oder nicht? Er hat mich geheilt. Ihm sei Ehre und Preis und Dank!'

Von da an gab es Verkehr mit Männedorf. Mehrere

meiner Freunde machten Besuche dort, bestellten Einladungen und Grüße. Ich brachte den Winter 1858/1859 bei meinen Eltern in Merishausen zu, durfte aber im April mit meiner ältesten Schwester vor meiner Abreise zum Studium in Tübingen den längst gewünschten Besuch, meinen ersten, in Männedorf machen, der bei mir wie bei meiner Schwester einen tiefen Eindruck hinterließ. Spezielles weiß ich nicht mehr davon. Ich sehe nur noch den einfachen Haushalt vor mir, der aber mit einer höheren Weihe umgeben war. Wir beide spürten ganz mächtig die Kraft Gottes und ein Geisteswehen, wie wir's noch niemals empfunden hatten, und es frappierte mich schon dieses erste Mal das Natürliche, Ungezwungene, aber auch durch und durch Reelle des Männedorfer Christentums.

So schien ein engerer Verkehr eingeleitet zwischen Dorothea Trudel und dem Studenten in Tübingen. Aber es kam anders. Die gewaltige Persönlichkeit des Theologieprofessors Joh. Tobias Beck, die an keinem jungen Mann ohne Eindruck vorüberging, und seine prächtige, ganz aus dem Offenbarungswort aufgebaute Theologie packte auch mich. Diesem Mann waren Erscheinungen wie die Trudel und Blumhardt absolut unverständlich. Er konnte sogar sehr scharfe Worte gegen die Genannten ausstoßen und warnte uns Studenten ernstlich vor solchen ‚Exempeln der göttlichen Zornesoffenbarung‘. Als ich dann in dem Bestreben, meine Tübinger Zeit recht auszunützen, auch noch Kollegienhefte Becks abschrieb und mir durch das übermäßige Arbeiten ein Kopf- und Augenleiden zuzog und Beck sich meiner in dieser Not wahrhaft väterlich annahm, wurde er um so mehr mein Mann, und Männedorf trat in den Hintergrund. Allein Beck konnte mir mit seiner Homöopathie und allen guten Ratschlägen nicht helfen. Ich mußte vor völligem Semesterschluß Tübingen verlassen, und es folgte eine recht traurige Mußezeit zu Hause, die mir jede geistige Arbeit verbot. Da mein Vater noch eher von Boll etwas wissen wollte als von Männedorf, brachte ich im November mehrere Wochen bei Blumhardt zu, der auf mein heruntergekommenes Gemütsleben recht wohltätig wirkte. Aber betreffend Studium blieb ich invalid, bis im Sommer 1860 die Verbindung mit Männedorf neu angeknüpft wurde.

Sechs Wochen brachte ich im Juli und August in Männedorf zu. Das war mein schönster und gesegnetster Aufenthalt, der mich für immer mit diesem Gnadenort verband. Es fällt mir schwer, mit Worten zu beschreiben, was ich hier erlebte. Es sind eben Wunder der Gnade. Ich sah Leben um mich her, zuerst in dem wunderbaren Werkzeug, dessen sich Gott bediente, um so viele zu wecken und zu segnen, und dann auch in den durch dieses Werkzeug zum Leben Gekommenen. Die Trudel las mit uns täglich viermal das Wort des Lebens. Sie redete kurz darüber, tat uns die Schrift auf, zeigte, wie alles wahr sei, wie die Verheißungen Gottes in Christus Ja und Amen sind und wie wir nur den Gehorsam des Glaubens zu erwählen hätten, um die Wahrheit und die Gotteskraft selbst an uns zu erfahren. Und sie zeigte es nicht nur durch die Lehre, sondern durch ihr tägliches Leben und Wandeln. Sie war selbst das Siegel auf das Wort. Und dann erfuhren wir es auch, und das war uns so natürlich und das gewöhnliche saft- und kraftlose Scheinchristentum so unnatürlich. Dazu das, was wir an den Kranken sahen, wie die Krankheiten wichen, wie die Betrübten fröhlich wurden und wir selbst fröhlich wurden, unbeschreiblich glücklich waren in kindlichem Glaubensleben. Und es war keine bloße Nervenaufregung oder Begeisterung, die vorübergeht, überhaupt keine Aufregung. Man war sehr nüchtern, man wollte Brot haben, nicht ‚Fastnachts-Chüechli‘. So hat man mit mir gebetet, bis ich sagen konnte wie Archimedes: ‚Ich hab's gefunden!‘ Von da an wußte ich, daß ich's hatte, und man zeigte mir, wie ich es durch den Glauben behalten könnte und durch den Gehorsam, ja Gehorsam bis ins kleinste hinein. Aber dieser Gehorsam ist dem Glauben süß, nicht bitter. Und der Kern des Gehorsams ist Selbstverleugnung und Liebe, sich selbst verzehrende Retterliebe zu den Seelen. Es waren damals mehrere Pfarrer in Männedorf, daneben Leute aus allerlei Volk, Gebildete und Ungebildete, Herren und Damen, Knechte und Mägde, Leute, die kaum ihren Namen schreiben konnten, und daneben Adelspersonen, Theologen und dergleichen. Und was war es für ein fröhliches Leben! Das geliebte ‚Mütterli‘ ging ja darin voran, und mit ihrem Mutterwitz hat sie manchen lachen gemacht, auf dessen Gesichtsbarometer mindestens drei Tage Regenwetter standen. Weil man lauter Wirkliches hatte, brauchte man keine Formen und keine Formenschneider. Welche Anziehungskraft hatte solch ein Christentum für junge Leute, und welche Erlösung war es für solche, die durch die Arten des Uniformenchristentums hindurchgegangen waren!

Ich durfte auch je und je aktiv mithelfen, die Hausandacht oder die Kinderstunde halten, mit einem Kranken beten, die Mutter nach auswärts zu einem Kranken begleiten, von ihr lernen — etwa auf dem Dampfschiff —, den Ungläubigen gegenüber den Herrn bekennen. Das war besonders köstlich. Diese Liebe und

Geduld, womit sie das tat! Meist wenig Worte, aber ihre bloße Erscheinung, der Friede und die Freude auf ihrem Gesicht, die Gewißheit, Gott ist auf meiner Seite, triumphierte über alle Feinde.

Dann am Krankenbett die Wahrheit, die in die Sündenwinkel hineinzündet und keine Ausflüchte aufkommen läßt. Da war keine Verhüllung, aber auch keine Selbsttäuschung. Oft war es ein heißer Kampf. Das klare Bewußtsein ‚Ich bin nichts und kann nichts, kann auch den Kranken nicht selbst etwas sein‘ und dabei die große Liebe, das Erbarmen, das sich in der ganzen Hingabe nie genugtun konnte und dem Heiland Bahn machte, erlangte doch schließlich den Sieg.

Ich kann nicht begreifen, wie ein Christ auch nur etwas gegen diese Art von ‚Gebetsheilung‘ einwenden kann. Da war auch keine Spur von zaubermäßigem Erzwingenwollen ohne Gott. Ja es waren heilige, aber auch wieder liebliche Stunden, wenn wir sehen durften, wie die heftigsten Schmerzen bei der Handauflegung wichen, liebliche Stunden auch, wenn der Herr eine Seele heimholte, wenn ein zubereitetes Gotteskind sterben durfte.

Gewiß, wir glücklichen Kinder sahen und bewohnten damals eine Hütte Gottes bei den Menschen!

Aber um in süßen Gefühlen zu schwelgen und sich aus solchen Erlebnissen ein sanftes Ruhekissen zu machen, dazu ließ uns die Mutter keine Zeit. Sie konnte auch traurig sein, wenn sie gewahr wurde, wie wir lieber ein Gebetsstündlein gehalten hätten, als einem Kranken zu dienen. Sie lehrte uns in der beständigen Geisteszucht wandeln und glaubte an eine göttliche Erziehung mittels der unscheinbarsten Kleinigkeiten. Unbegrenzte Gnade

Nummer eins, Gehorsam bis ins kleinste Nummer zwei — das war ihr Christentum."

Im ersten Halbjahr 1861 hielt sich A. Bächtold zum zweitenmal in Männedorf auf, und zwar vier Monate lang, um dem angehenden Theologiestudenten Arnold Bovet, der dort weilte, Unterricht in Griechisch und Lateinisch zu erteilen. Daneben wirkte er noch als Gehilfe der Dorothea Trudel. Über diesen Aufenthalt berichtet er in einem Brief an seine Mutter: „Es wird mir schwer zu schreiben, weil alles um mich her spricht und lärmt. Es ist überhaupt fortwährend eine solche Unruhe im Haus, daß, wenn man daran nicht gewöhnt ist, man oft nicht weiß, wo einem der Kopf steht. Es sind mehr Kranke hier als im Sommer und zum Teil sehr schwer Kranke, so daß das liebe ‚Mütterchen' nun 14 Nächte lang nie mehr ordentlich geruht hat. Letzten Sommer hatte man viel mehr von ihr. Jetzt kann oft jemand lange hier sein, bis er nur ein Wort mit ihr reden kann. Das Haus ist förmlich vollgepfropft. Ich wollte, Du sähest einmal in dieses heilige Durcheinander hinein, in diese Gemeinschaft der Güter, in diesen Kommunismus. Ich fürchte, es würde Deiner Ordnungsliebe schwindeln. Dennoch geht ein Tag nach dem andern dahin mit des Heilands Hilfe. Ja, wenn er nicht das Regiment führte, so wäre nicht durchzukommen. Aber er offenbart sich hier so freundlich, daß man ihn nur loben muß und wahrlich auch den Mut bekommt, ihm alles zuzutrauen.

Samuel Zeller ist ein lieber Bruder. Er versteht vortrefflich, das Wort Gottes auszulegen und den Herzen nahezubringen. Er ist mir unendlich lieb. Auch er sowie ein anderes geistliches Kind der Dorothea Trudel (Nettli) hat die Gabe der Handauflegung. O es tut einem so wohl, etwas von jenem apostolischen Geist hier zu spüren, der über die erste Gemeinde ausgegossen war!

Es kommen beständig so viele Briefe an, daß man gar nicht alle beantworten kann, so viel Anfragen um Aufnahme von Kranken, daß man nur immer abschlagen muß. Das Werk breitet sich gewaltig aus. Wie wird's erst im Sommer gehen! Es wird ohne Zweifel nichts daraus werden, daß Dorothea Trudel nach Stuttgart reist, wohin man sie eingeladen hat.

Dorothea Trudel hat die Zeit her gewaltige Glaubensprüfungen zu bestehen. Vor einigen Tagen ist ihr Bruder plötzlich an einem Schlag im Unglauben dahingestorben. Gleich am Tag darauf wurde ihre Schwester so schwer krank, daß man auch sie glaubte dahingeben zu müssen. Jetzt geht es ihr aber wieder besser. Merkwürdig ist es, wie der Herr unsere Mutter stärkt. Immer mit der gleichen Glaubensfreudigkeit geht sie durch alles hindurch und opfert sich Tag und Nacht unermüdlich den Kranken."

August Bächtold gibt in seinen Erinnerungen auch eine Charakteristik der Wirksamkeit von Dorothea Trudel und fügt an einigen Stellen gewisse Bedenken, die er hatte, bei: „Ihre Andachten waren stets packend und meist von einem feurigen Pathos getragen. Logischer Fortschritt der Gedanken war nicht immer da, überhaupt das Ganze nicht ein abgerundeter Vortrag; aber er war reich an treffenden Einzelbemerkungen, ‚geflügelten Worten' meist praktischen Inhalts, die man nicht leicht wieder vergaß. Selbstverständlich gab es in ihren Reden viele beweisende Beispiele aus ihrer Lebenserfahrung und Seelenpflege.

Mit ihrem Gebrauch des Bibelwortes zum Losen konnte ich mich nie ganz befreunden. Wenn ich mich recht erinnere, so betete sie nie mit uns, ohne nachher für jedes und für sich selbst ein Los zu ziehen. Mancher Entscheid wurde von ihr aufgrund eines Loses getroffen. Kein Brief von ihr, ohne daß auch Lose angeführt sind, die sie aus der Bibel gezogen. Ich meinte immer, der Geist Gottes sollte an die Stelle des Losens treten. Wenn ich mich recht entsinne, war ihr aber doch nicht verborgen, daß auch der Teufel sich in das Losen mischen und das Bibelwort, wie bei der Versuchung Christi, auch in seinen Mund nehmen kann.

Auch die Verwendung des Öls und das Handauflegen bei den Kranken schien mir nicht ganz nach der biblischen Sparsamkeit und Nüchternheit zu geschehen. Die Handauflegung dauerte oft sehr lange. Es wurde großer Wert darauf gelegt, daß sie an der kranken Körperstelle geschah, nicht etwa nur während des Gebets, und auf das Haupt. Aber es hatte etwas Ergreifendes, sie in der engen Hausgemeinde ihre Vorträge halten zu sehen, indem sie rechts und links einem Kranken die Hände auflegte und von Anfang bis zu Ende in dieser unbequemen Stellung verharrte. Ihre Hingebung und Aufopferung war eben immer unbegrenzt dieselbe, die sich völlig vergaß.

Sie verstand vortrefflich, Geisteskranke und Nervenleidende zu behandeln. Es war natürlich nichts weiter als eine Ablenkung, wenn sie sprach: ‚Ein Christ hat keine Nerven.' Aber daß die Ablenkung der Gedanken bei diesen Übeln eine Grundbedingung der Heilung ist, wird heute auch von ärztlicher Seite anerkannt. Dorothea Trudel hat hier unbedingt das Richtige getroffen. Darum sind in ihrem Hause auch viele Nervöse geheilt worden, und manches hysterische Menschenkind hat unter ihrer Anleitung den Teufelsspuk erkannt, der mit ihm getrieben wurde.

Die Geisteskrankheiten deutete Dorothea Trudel in biblischem Sinn, ohne aber jedesmal an förmliche Besessenheit zu denken. Ihr scharfer Blick verkannte die rein körperlichen Ursachen nicht, doch verwendete sie keine Arzneimittel. Man nannte die Geisteskranken ‚Gebundene‘, deren Bande nur der Herr lösen konnte. Sie wurden darum reichlich unter den Einfluß des Wortes Gottes und des Gebets gestellt. Und wie manchmal geschah es, daß ein finsteres Gesicht unter diesem Einfluß plötzlich zu leuchten anfing! Die Macht Gottes hatte die Ketten gebrochen und die dunklen Wolken zerstreut. Aber auch strenge Zucht wurde je und je angewandt. An ein gewisses Maß von Zurechnungsfähigkeit wurde auch bei den schwersten Fällen immer noch geglaubt, darum auch hier dem Eigensinn und der Bosheit scharf zugesetzt. Ich sehe die gute Mutter jetzt noch, wie sie eine derartige Eigensinnige fest bei den Zöpfen nahm und ihr mit strengen Worten die derbe Wahrheit sagte. Aber das Ende vom Lied war, daß sie die Arme an ihr Herz drückte und mit Küssen bedeckte. Auch die Zwangsjacke wurde hie und da gebraucht. Da die Einrichtung zur Bewachung solcher Kranker im Anfang nicht genügend war, kam es einige Male vor, daß ein Gestörter entwich. Wie wurde da gesucht! Aber schließlich warf man sich auf die Knie und erbat die Gnade Gottes, und auf wunderbaren Wegen kam das Schmerzenskind zurück. Dann Dankeshymnen nach der Melodie: Ich bin zu gering aller Barmherzigkeit . . .“

Den Berichten von A. Bovet und A. Bächtold sei schließlich noch einer von Dorothea Trudel selber beigefügt, in dem wir vernehmen, wie es beim Kauf des dritten Hauses (1859) zugegangen ist. Hier treten uns die beiden Schwestern Trudel so unmittelbar und lebendig entgegen — die ordentliche Katharine und die außer-ordentliche Dorothea —, daß man sie leibhaftig zu sehen glaubt.

In ihrem Hause hatte Dorothea Trudel grundsätzlich keinen Opferstock aufgestellt. Sie hatte lange Zeit als Sammlerin für die Basler Mission gewirkt. Für sich selbst jedoch sammelte sie grundsätzlich nicht, „aus Abscheu vor jedem Heller, der nicht dem Herrn selbst gegeben wird, sondern unter Druck — sei es auch nur ein Viertelsdruck".

„Doch", schreibt sie, „es ist uns in allen Jahren, wenn es viel ist, nur sechsmal das Geld ausgegangen. Obschon ich das ganze Jahr um das Irdische nie bete, sondern fest an dem Spruch hange ‚Suchet am ersten das Reich Gottes, so wird euch alles übrige zufallen‘, oder wie unsere selige Mutter uns Kindern stets gesagt hat: ‚Wer betet und arbeitet, für den sorgt Gott.‘ Er hat auch ohne unser Zutun immer wieder geholfen. Davon will ich nur ein Beispiel erzählen. Beim Kauf eines dritten Hauses war meine Schwester etwas ängstlich und sagte: ‚Aber Schwester, ist es jetzt auch nötig, daß wir den letzten Heller, den wir haben, an die Häuser geben? Sonst steuert man allenthalben für die Anstalten, aber bei uns denkt kein Mensch daran. Die armen Wesen bringt man uns, wenn sie die Leute nicht mehr haben können. Aber daß jemand denken würde, man sollte doch an dieses Werk auch etwas geben, daran denkt kein Mensch. Jetzt kann ich nicht glauben, daß Gott von uns fordere, daß wir noch ein Haus kaufen. Wenn wir nur diese zwei Hüttchen haben und nur so viel Leute halten, als wir in diesen halten können, so können wir doch mit dem Geld, das das neue Haus und die erforderliche Einrichtung kostet, manchem Armen wieder Speise geben. Ich habe alles hergegeben (sie hatte nämlich für den Kauf des zweiten Hauses ihr ganzes persönliches Vermögen gegeben), aber jetzt meine ich, wir wollen es doch so machen, wie ich sage.' Von allen Seiten sagten die Leute, die Schwester habe recht. Aber *mein* Herz wurde verwundet, wenn die Leute kamen und ich sie nicht aufnehmen konnte und wenn auch in den Versammlungen in unserem Haus höchstens etwa 80 Personen Platz hatten. Auch meinten alle, wenn noch mehr Leute kämen, so gehe das über meine Kraft und ich lebe kein Jahr mehr. Das war dann freilich die größte Sorge. Aber ich sagte, ich könne jetzt gar nicht mehr auf sie hören. Wenn die Stimme in meinem Innern, sagte ich, die richtige sei, daß ich noch ein Haus kaufen müsse, so wolle ich Gott bitten, daß er es mir durch einen Bibelspruch deutlich zeige. Und meine Schwester meinte dazu, dann wolle sie auch einwilligen, wenn der Herr ein äußeres Zeichen gebe, daß auch jemand etwas dazu beitrage. Ich lachte und sagte, an dem liege mir nichts, wenn ich nur von Gott aus seinem Wort eine ganz bestimmte Weisung habe. Wir fielen auf die Knie und baten den Herrn, und er gab das Wort: ‚Ich will sie mehren und nicht mindern' (Jeremia 30, 19). Ich kaufte nun ganz mutig das Haus. Dann kam jemand zu der Schwester, ein Reicher aus unserem Kanton. Der sagte zu ihr: ‚Laßt sie's nur kaufen. Ihr müßt nicht sagen, Ihr könntet Euer Kapital, das Ihr noch habt, doch für die Armen brauchen.' An dem Tag aber, an dem wir das Haus kauften, kam ein Schwede, und der gab meiner Schwester 500 Franken. Er kannte mich gut, weil er ein Jahr lang jeden Tag in unser Haus kam. Da sagte ich der Schwester: ‚Jetzt hast du dein Zeichen, und das meine werde ich auch bekommen, denn das Äußere überlasse ich ganz Gott.' Wir versprachen, auf den 1. Mai 6000 Franken zu bezahlen und dann auf den letzten Mai wieder 6000. Meine Schwester sagte etwa vier Tage vor dem 1. Mai: ‚Ich will nur gerne sehen, ob der Herr auch ans Zahlen denkt.' Statt des Geldes kam ein Brief von ihm, der uns riet zu kaufen — er wolle das Geld geben, er schrieb uns aber vor, wie wir die Anstalt einrichten müßten, wieviel Betten angeschafft und wieviel Leute aufgenommen werden müßten, und sagte, nur dann könne er glauben, daß das Werk aus Gott sei, wenn wir annehmen, was er uns geschrieben, und nur dann sei er bereit, das Haus zu zahlen. Ich fiel mit meiner Schwester auf die Knie und bat den Herrn, daß er uns auch diesmal noch durchs Los sage, daß er der Vater dieses Werkes sei. Und ich bekam das Wort Psalm 46, 2—6: ‚Gott ist unsre Zuversicht und Stärke, eine Hilfe in den großen Nöten, die uns betroffen haben. Darum fürchten wir uns nicht . . . Dennoch soll die Stadt Gottes fein lustig bleiben . . . Gott ist bei ihr drinnen. Darum wird sie fest bleiben. Gott hilft ihr früh am Morgen.' Nun schrieb ich dem Herrn, daß wir kein Geld brauchen können. Ich dankte ihm herzlich und sagte ihm in meinem Brief, weil er dieses Werk nicht als Gottes Werk anerkenne, so möchte ich nie einen Heller von ihm, versicherte ihm aber, daß ich ihn mit gleicher Liebe fortliebe. Da sagte meine Schwester: ‚Wo willst du nun das Geld hernehmen? Du wirst doch jemand darum fragen müssen?' Ich lachte und sagte: ‚Am ersten Tag im Mai frage ich. Es kann bis dahin wohl jemand kommen und uns das Geld antragen.' Und richtig, am morgenden Tage kam ein Freund des Werkes und sagte, er habe Geld, und er könnte es uns gegen

Kapitalbriefe geben. Ich sagte: ‚Ja, jetzt können wir es gerade brauchen.‘"

Der Mitarbeiter und spätere Nachfolger

Je mehr sich das Werk vergrößerte, je weniger vermochte Dorothea Trudel die vermehrten Aufgaben allein zu bewältigen. In Anna Weber (Nettli genannt) hatte sie allerdings bereits eine richtige Mitarbeiterin gefunden. Aber sie sah, daß sie auch einen männlichen Mitarbeiter nötig hatte. Mit Samuel Zeller wurde ihr nun im November 1860 ein solcher zugeführt. Er war das jüngste Kind des bekannten Pädagogen der Erweckungsbewegung, des Vorstehers der Armen und Armenlehreranstalt Beuggen bei Basel: Christian Heinrich Zeller (1779—1860). Zum Lehrer ausgebildet, hatte er kurze Zeit in der evangelischen Lehreranstalt Schiers gewirkt und war dann als Gehilfe seines alten Vaters nach Beuggen gekommen. Von einer quälenden Flechtenkrankheit und innerer Unbefriedigtheit bedrückt, suchte er im Sommer 1857 am Genfer See Erholung und hoffte auf innere Abklärung. Da wurde er fast zufällig nach Männedorf gewiesen. Die erste Begegnung mit Dorothea Trudel ist kennzeichnend für deren urwüchsige Art. „Was", sagte sie, als er sich ihr vorstellte, „ein Sohn von Inspektor Zeller in Beuggen und ein so finsteres Gesicht!" Und auf die Schilderung seiner Krankheit fügte sie tröstend hinzu: „Wenn dann einmal der Aussatz der Sünde weg ist, wird wohl diese Krankheit auch verschwinden." Und so war es. Drei Jahre später kam er nicht mehr als Gast, sondern als Mitarbeiter nach Männedorf. Bald durfte Dorothea erfahren, daß sie den rechten Mann gerufen hatte, und sie zögerte nicht, ihn auch rechtlich zu ihrem Nachfolger zu machen. Zunächst hatte sie im Sinn, ihn in aller Form als Sohn zu adoptieren, wählte dann aber den andern Weg, ihm das ganze Werk in einer Schenkungsurkunde zu übertragen, und sie teilte diesen Entschluß auch ihrer Hausgemeinde mit.

Damit begann die Wirksamkeit des Mannes, der dann während mehr als fünfzig Jahren das Werk im Geiste der Gründerin weitergeführt hat, um es, als er 1912 starb, seinem Neffen und Mitarbeiter Alfred Zeller weiterzugeben, der ihm seinerseits bis zu seinem Tode im Jahre 1948 vorgestanden hat. Von dieser weiteren Geschichte der Anstalt soll hier jedoch nicht die Rede sein. Alfred Zeller hat sie in dem Büchlein „Zweierlei Wunder" (Selbstverlag der Anstalt Männedorf) in kurzer Zusammenfassung erzählt. Das Werk ist ständig weiter gewachsen, und Männedorf blieb ein Ort der geistlichen Einkehr, wo viele geistig und körperlich Kranke Heilung fanden. Auch war es ein Mittelpunkt des schweizerischen Pietismus, der jährlich nicht nur von Gästen aus der Schweiz, sondern aus ganz Europa aufgesucht worden ist.

Der Prozeß

Im Jahre 1857 kamen die Patienten, die auf Anordnung der Behörde weggewiesen werden mußten, kurz nachher einfach wieder. Danach konnte Dorothea Trudel mehr als drei Jahre lang, unbehelligt von den Behörden, ihre Arbeit an den Kranken in ihren Häusern und durch Besuche im weiten Umkreis wie vorher tun.

Da zeigte im Februar 1861 der Bezirksarzt den plötzlichen Tod einer in der Trudelschen Anstalt behandelten Geisteskranken bei der Gesundheitsdirektion des Kantons Zürich an. Seinem Bericht legte er ein Verzeichnis der am 15. Februar in der Anstalt wohnenden Personen bei. Nicht weniger als 80 Kranke waren darin aufgeführt. Sie kamen aus verschiedenen Ländern: Württemberg, Baden, Frankreich, Preußen, Bayern sowie aus den Kantonen Bern, Schaffhausen, Aargau, Solothurn, Thurgau, St. Gallen und der Waadt. An den verschiedensten Krankheiten litten sie, wie Unterleibsleiden, Gemütskrankheiten, Epilepsie, Hysterie, Bleichsucht, Taubheit, Rückenmarksleiden, Schwindsucht.

Die Gesundheitsdirektion veranlaßte daraufhin das Statthalteramt, diese Angelegenheit zu untersuchen, und Dorothea Trudel wurde wegen mehrmaliger Übertretung des Gesundheitsgesetzes zu einer Strafe von 150 Franken verurteilt. Auch wurde ihr die sofortige Entlassung sämtlicher Kranken befohlen und jede weitere Aufnahme von Patienten untersagt. Für den Fall fortgesetzten Ungehorsams wurde ihr die Weisung an die Gerichte angedroht.

Als ihr vor etwa drei Jahren mit der gleichen Begründung eine Geldstrafe auferlegt wurde, hatte sie sich stillschweigend dem Entscheid gefügt, obwohl es ihr ungereimt vorgekommen war. „Denn", sagte sie, „eher wäre mir der Sinn an den Tod gekommen als daran, daß man in einem Lande, wo die Kirche unter dem Schutz des Staates steht, wegen etwas bestraft werden könnte, das doch gewiß in der Bibel geboten ist. Aber leider habe ich damals die Zeit verstreichen lassen, ohne Berufung einzulegen." Jetzt aber wollte sie wissen, „ob man in unserem Kanton, wo alles Freiheit hat, verbieten kann, nach Gottes Wort zu handeln, und ob die Leute bei allen

Krankheiten die Freiheit besitzen, daß sie das anwenden dürfen, was das Wort Gottes denen gebietet, die an ihn glauben." Und sie wandte sich an das Bezirksgericht.

Zusammen mit der Berufung reichte Dorothea Trudel neunzig Zeugnisse von Leuten ein, die ihre Heilung in Männedorf bezeugten. Ein ausführliches Schreiben richtete sie an die Gesundheitsdirektion, in dem sie ihr Tun rechtfertigte. Es begann:

„Das Urteil, das mir am 5. März dieses Jahres vom hiesigen Statthalteramt zugestellt wurde, veranlaßt mich, mein bisheriges Stillschweigen, das ich auch gerne ferner beobachtet hätte, zu brechen. Würde es sich um meine Person handeln, so würde ich gerne ferner Schmach und Spott ertragen. Da mich aber die Befolgung des mir zugestellten Befehls von einer Pflicht abhalten würde, die mir zur Lebensaufgabe geworden ist, indem mich die Liebe, die durch Gottes Gnade in mein Herz ausgegossen ist, treibt, meinen Nächsten zu lieben wie mich selbst, so kann ich nicht unterlassen, Ihnen zu bezeugen, wie ich dazu kam.

In der Wahrheit darf ich bezeugen, daß ich nie einen Gedanken hatte, eine Krankenanstalt einzurichten. Da Gott aber eins nach dem anderen so fügte, so durfte ich nicht widerstreben, zumal er mich gelehrt hat, meinen Willen gänzlich aufzugeben und nur dem Gehör zu schenken, von dem ich wußte, daß es Gottes Wille sei."

Aus dem Protokoll der Verhöre, die nun angestellt wurden, vernimmt man allerlei Wissenswertes über die Anstalt und deren Beurteilung in der Öffentlichkeit: Die Patienten bezahlen nicht mehr als durchschnittlich 4 oder 5 Franken in der Woche für reichliche Kost, Wohnung und Wäsche. Der höchste Betrag bei Reichen ist 10 Franken in der Woche. Arme werden unentgeltlich aufgenommen und verpflegt.

Der Gemeinderat Männedorf gibt der Angeklagten ein günstiges Leumundszeugnis: sie versteuert mit ihrer Schwester 20 000 Franken Vermögen, hat im verflossenen Mai ein drittes Haus gekauft. Auch das Statthalteramt weiß ihr nichts Nachteiliges vorzuwerfen, es wäre denn die „übergroße Zärtlichkeit zwischen der Vorsteherin und den männlichen und weiblichen Bewohnern der Anstalt und die öffentlichen brüderlichen und schwesterlichen Umarmungen". Gleichwohl meint der Bezirksarzt Dr. Dändliker: „Die Gemeindebehörden schweigen zu dem Trudelschen Unfug aus Interesse. Man hat nämlich die vielen Fremden gar nicht ungern in Männedorf." Die Gründe des Besuchs der Anstalt findet er teils im religiösen Fanatismus, teils in dem umhertastenden Hilfesuchen Unheilbarer, teils in der Wohlfeilheit der Verpflegung für Arme und Geizige. Für alte Jungfern möge auch das trauliche Du und die beim Abgang mit Küssen besiegelte Freundschaft ihren Reiz haben.

Trotz der zugunsten der Angeklagten sprechenden Umstände und der vielen gewichtigen Zeugnisse für die erfolgreiche Wirksamkeit der Dorothea Trudel beharrte die Gesundheitsdirektion auf der Straffälligkeit und erklärte: „Daß sich die Trudel mit Heilung von Krankheiten befaßt, kann vernünftiger Weise nicht bestritten werden. Sie betet mit den Kranken, legt ihnen die Hände auf, salbt sie. Gleichgültig ist, ob sie den Kranken dabei vorgibt, der Heiland heile durch sie und ihr Gebet, und gleichgültig, ob sie sich dafür bezahlen läßt oder nicht, da das Gesetz auch die unentgeltliche Pfuscherei bestraft. Die Trudel läßt sich auch zu Kranken rufen, nimmt mit denselben Heilprozeduren, selbst in den gefährlichsten Stadien, vor, legt ärztliche Anordnungen zur Seite und gefährdet dadurch die Kranken. Nicht etwa die Beseitigung der Konkurrenz für die Ärzte, sondern die Gefahr für das Publikum ist der Grund des Gesetzes. Nicht *wie*, sondern *daß* man sich mit der Heilung von Kranken befaßt, ohne dazu berechtigt zu sein, ist strafbar.

Insbesondere muß dem Gebaren der Trudel mit Geisteskranken Schranken gesetzt werden. Für diese Kranken ist das stundenlange Beten und die dadurch entstehende Aufregung der Phantasie besonders gefährlich. Es erzeugt Verzweiflung und Wahnsinn. Diese Gefahr ist um so größer, wenn Zwangsmittel, wie Zwangsjacke, Anbinden usw., angewandt werden. Daß einzelne Kranke gebessert oder geheilt entlassen wurden, ändert nichts an der Sache, zumal man von den schlechten Erfolgen nichts hört. — Nachteilig für die Gesundheit ist jedenfalls auch das enge Zusammenleben und Wohnen so vieler Menschen beieinander, ihre Ausdünstung. Das Medizinalgesetz ist unzweifelhaft verletzt."

Da die Gesundheitsdirektion ihre Meinung nicht änderte, blieb auch das Bezirksgericht einstimmig auf seinem Entscheid bestehen. So wandte sich Dorothea Trudel an das Obergericht. Der Mann, der ihre Sache hier führte, war der Fürsprech Heinrich Spöndlin, der ebenso bekannt war als hervorragender Rechtsanwalt wie als entschlossener Bekenner eines biblischen Christenglaubens, ein Mann von leidenschaftlichem Temperament, ein Kämpfer für das Recht, besonders dort, wo er es von der öffentlichen Meinung verachtet sah.

Der Prozeß, der jetzt geführt wurde, war von grundsätzlicher Bedeutung, denn den Klägern ging es nicht nur um den Schutz des Ärztestandes oder die Sorge um die Volksgesundheit, sondern um die damals herrschende Weltanschauung. Und der Verteidiger wollte nicht nur eine ungerecht Angeklagte verteidigen, sondern einen Angriff auf christlichen Glauben und christliche Lebenshaltung abwehren.

Wir befinden uns nämlich um jene Zeit in einem heftigen Kampf der Geister. Die mächtig aufblühende Naturwissenschaft betrachtete und behandelte den Christenglauben aufgrund ihrer neuen Erkenntnisse als eine endgültig überlebte Sache. Sie ließ nur gelten, was beweisbar und physisch meßbar war, und die Medizin konnte auf dieser Grundlage große Triumphe feiern. Den Menschen nun, die ganz in diesen Gedanken befangen waren, war eine Erscheinung wie die Dorothea Trudel begreiflicherweise absolut unverständlich. In ihren Augen konnte sie nur eine Betrogene oder gar eine Betrügerin sein, und sie sahen es als ihre heilige Pflicht an, das Volk vor solchen Schwindeleien zu schützen.

Die Gerichtsverhandlung fand am 13. November 1861 statt. Fürsprech H. Spöndlin zeigte zu Beginn seiner Verteidigungsrede vor dem Obergericht, daß das Bezirksgericht die Anklage gegen Dorothea Trudel gar nicht sorgfältig geprüft habe. Sonst, so stellte er fest, hätte man erkennen müssen, daß alle Vorwürfe gegen die Angeklagte leeres Geschwätz seien. Diese Behauptung belegte er mit einigen krassen Beispielen, und in einem bestimmten Fall wagte er von der Anklage sogar zu sagen, ohne daß es ihm widerlegt werden konnte: Soviel Worte, soviel Unwahrheiten."

Seine Verteidigungsrede schloß er dann mit den Worten: „Die einzige Folge Ihres Verbotes ist die, daß die große Menge Armer, die der Trudel nicht nachreisen, die sich nicht in ein Privatquartier einmieten können, von der Wohltat ihrer Hilfe von nun an ausgeschlossen sind. Oder aber, wollte die Trudel das Gesetz umgehen, was wäre leichter? Man findet schon noch einen Arzt, der auf ihrem Standpunkt steht. Der geht nach Männedorf, errichtet eine Anstalt und schreibt so: Der Doktor X hält diese Anstalt. Ich sage Ihnen das ganz mit der Offenheit, welche die Sache erlaubt. Nun frage ich Sie, hat das einen Sinn, ein Verbot zu bewirken, das man alle Augenblicke umgehen kann? Oder auch so: ich vermiete die drei Häuser der Trudel an drei X Personen und sage ihnen: Seid so gut und etabliert Pensionen. Wer dann sich in eine solche Pension einquartiert, sagt einfach: ‚Ich wohne hier' und gibt seinen Heimatschein gehörig ab. Man muß ihn dulden. Alle diese Wirtsleute lassen die Trudel kommen, und es ist alles wie heute; nur die Armen können nicht mehr kommen."

Die Entgegnung des Staatsanwalts konnte den Eindruck, den diese glänzende Verteidigungsrede hervorrief, nicht mehr verwischen, und das Obergericht erklärte, es würde weder dem Geist der Zeit noch dem Charakter eines Freistaates entsprechen, die Bestrebungen der Anstalt durch polizeiliche Strafen unterdrücken zu wollen. Das Urteil lautete auf völlige Freisprechung.

Der Heimgang

Die Zeitungen berichteten über den Prozeß. Dadurch wurde Dorothea Trudels Werk in der Nähe und Ferne erst recht bekannt, und es kamen so viele Nachfragen um Aufnahme ins Haus, daß man nur einem kleinen Teil genügen konnte.

Da es sich ziemlich weit herumgesprochen hatte, daß es der großen Liebe der Dorothea Trudel nicht möglich sei, jemand fortzuschicken, umgingen viele den ordentlichen Weg der Meldung, stellten sich ein und wollten sich eben mit ihren Kranken nicht wegtreiben lassen.

So rückte 1861 die Weihnachtszeit heran, die für sie immer eine besondere Segenszeit war. Wenn sie auch nicht wie eine andere Mutter leibliche Kinder um sich versammeln konnte, um mit ihnen die Geburt Jesu zu feiern, so durfte sie buchstäblich das Wort Gottes erfahren: „Die Einsame hat mehr Kinder als die den Mann hat." Von nah und fern kamen Menschen, denen sie zum Segen geworden war und die gerne ihre Festtage bei ihr zubrachten. Die Kinder im Dorf, die gewöhnlich ihre Kinderstunde Sonntag nachmittags um 3 Uhr besuchten, wußten wohl, was am Abend des 24. Dezember im Versammlungssaal der Dorothea Trudel vorging. Manche Weihnachtsgeschenke waren für die Kinder gebracht worden. Besonders ein Freund gab christliche Schriften vom Traktat bis zu L. Hofackers Predigtbuch. So konnte eine große Zahl Kinder zu Weihnachten beschenkt werden.

Bei ihrer letzten Weihnachtsfeier wollte Samuel Zeller Dorothea Trudel veranlassen, die Gaben erst etwa zwei Sonntage nach Weihnachten auszuteilen, um manchen Mißbrauch dadurch abzuschneiden, weil es sehr wahrscheinlich war, daß einzelne nur um der Geschenke willen kamen. Allein ihre Liebe wollte sich diesen Genuß nicht nehmen lassen. Mit großer Freude stand sie da unter den Kindern, von denen manche einen bleibenden Eindruck von ihrer Liebe empfangen haben mögen.

Ihr letzter Neujahrstag war gesegnet, wenn auch schwer. In der Silvesternacht zog sie sich noch das Los 1. Chronik 29, 15 und Markus 8, 35. Was für einen Eindruck diese beiden Texte auf sie machten, haben die gesehen, die ihr ernstes Angesicht nach dem Lesen beobachteten und die ein halbes Jahr später mit an der Versammlung teilnahmen, in der sie über 1. Chronik 29, 15 sprach. Damals sagte sie:

„Meine Losung ist mir jetzt schon klarer als am Neujahr. Alles in diesem Kapitel ist gewiß nicht von ungefähr mir geworden, auch das nicht, daß David alles seinem Sohn übergab. Ich habe längst mich selbst dem Herrn übergeben. Aber in diesem Jahr habe ich auch mein zeitliches Gut dem Samuel (Zeller) übergeben, der es nicht für sich, sondern zum Dienst an Seelen brauchen wird.

Das Leben nicht lieben bis in den Tod, das ist unsere Losung, weil auch Jesus sein Leben für uns ließ. Schonet eurer nicht, wie Jesus auch sich selbst vergaß. Es muß darin fortgefahren und daran festgehalten werden: die ganze Anstalt ist des Herrn Sache und nicht Menschenwerk. Er *bleibe* Hausvater, Arzt und Priester, *ein und alles* in diesem Hause. Dann dürfen wir auf die Jugend dessen, den er sich zu diesem Dienst erwählt hat (Samuel Zeller), nicht sehen.

Alle Tage sollen wir Gott loben. Nur wenn wir den Herrn bei allem Wetter, in guten und bösen Tagen loben können, sind wir apostolische Christen (1. Chron. 29, 9. 10). Wie habe ich mich geschämt vor Paulus und Silas, daß sie im Gefängnis, in Stock und Eisen Gott lobten, vor Petrus, der, obwohl mit Ketten gebunden, ohne zu klagen, ruhig schlafen konnte zwischen zwei Kriegsknechten.

Die noch gefangen und gebunden sind mit inneren Banden, sollen es auch machen wie Paulus und Silas, so werden die Bande zerspringen. Wenn die, die immer darüber klagen, daß sie nicht vorwärtskommen, in den Gehorsam des Wortes Gottes eingingen, wenn sie ihn bei seinen Verheißungen faßten, so müßte es anders kommen. Wir haben einen Gott, der keinen von sich stößt. Rufet den an. Lobet den Herrn, der die Bande zersprengt und für die Abtrünnigen Gaben hat. O klagt und jammert nicht mehr!

Es ist mein heißer Wunsch, daß Er der Höchste bleibe für alle Zeiten, auch in unsern Häusern und in allen Herzen. Meine Kinder sollen nie etwas höher schätzen als ihn, ihm alle Ehre geben (Vers 11). Ihm will ich auch für fernere Zeiten vertrauen mit meinen Kindern. Ihm sollen sie immer alles in die Hand geben, aus seiner Hand alles haben und wissen, daß, wenn sie von ihm wegblicken, er dann auch Macht hat, sie niederzustürzen.

Meine Kinder sollen Fremdlinge und Gäste (Vers 15) hienieden bleiben und Bürger droben im Vaterhaus. Hanget an nichts Irdischem. Pflanzet es tief in eure Herzen, daß unser Leben ist wie ein Schatten, und ist kein Aufhalten. Suchet nie etwas für euer Leben. Der Herr gebe mir Gnade, immer nur auf ihn zu blicken, nie auf die zu hören, die vom Schonen sprechen. Sie sollen nur brav schonen, es wird was Schönes herauskommen. Bei aller Arbeit und Nachtwachen bin ich jetzt noch stärker als an dem Tag, da ich mich ihm übergab zu seinem Dienst.

Weil auch der Heiland sein Blut vergoß,
das Leben nicht lieben ist unser Los.

Ich möchte nun sagen: Gib und bewahre solchen Sinn, mich selbst freudig hinzugeben (Vers 17 und 18). Wenn du nicht alle diese Namen, die aufgeschrieben sind (sie schrieb die Namen der zur Fürbitte Empfohlenen in ein kleines ‚Krankenbüchlein‘), in deinem Herzen tragen würdest, so müßte mir bange werden bei jedem Brief, in dem um Fürbitte gebeten wird. Wer könnte an alle besonders denken, alle ihre Namen nennen? Aber auch ohne Namen erhört der Herr.

Als wir das erstemal unsere Häuser räumen, alle Kranken fortschicken mußten — o Jammerzeit, o Schmerzenstage! —, da schickte der Herr mir eine köstliche Erquickung. Von Zürich kam die dringende Bitte, eines Kindes zu gedenken, das jahrelang einen bösen Geist hatte und nun todkrank war, daß es doch nicht sterbe, ehe es von diesem höllischen Einfluß befreit sei. Nie habe ich besonders mit Namen für das Kind gebetet, dennoch wurde uns nach vier Wochen geschrieben, das Kind habe, sobald der Brief in Männedorf war, gerufen: ‚Mutter, eine Jungfer betet!‘ Nach drei Wochen starb es selig.

O machet doch aus meinem Gebet keine Stütze für euch. Betet selber so, als ob niemand für euch bete, dann wird's recht werden.

‚Meinem Sohn Salomo gib ein rechtschaffenes Herz‘ (Vers 19). Wenn ich nicht glauben könnte, der Herr werde meinen Samuel unverrückt bei sich behalten, daß er in Gottes Wegen unsträflich wandeln könne, müßte ich nur mit Schmerzen auf das blicken, was der Herr ihm gab. Der Herr wird Kräfte geben und vollenden, was er begonnen hat.

Wir haben's im Neuen Bund viel herrlicher: wir können alle Könige sein. Durch das Salben kamen Kräfte auf die Könige. Wenn wir wahrhaftig zum königlichen Priestertum gehören, sollten wir durch die Salbung des Geistes nicht auch Kräfte bekommen, mit Handauflegung und Gebet Kranke zu heilen? Wenn wir nicht nur ein Levitengewand tragen, nein, gesalbt sind an Leib und Seele, wenn wir uns hingeben zu Gefäßen seiner Gnade, dann ist es seine Sache, zu segnen. O daß wir bereit wären, nichts mehr zu tun, als was Gott selber will getan haben, dann hätten wir alle heute einen rechten Geburtstag!"

Seit Neujahr ahnte sie etwas, das sie von da an zu einem viel größeren Schaffenseifer in dem Werk trieb, das der Herr ihr anvertraut hatte. Sie wollte treu sein bis ans Ende. Das Wort mag ihr vorgeschwebt haben: „Wirket, solange es Tag ist; denn es kommt die Nacht, da niemand wirken kann." Sie dachte ans Scheiden. Das beweist die Schenkungsurkunde, in der sie all ihr Hab und Gut dem schon längere Zeit mit ihr am Werk arbeitenden Samuel Zeller übergab. Sie hielt das für notwendig, damit nach ihrem Tode das bisher so gesegnete Werk fortbestehen könne.

Als die bessere Jahreszeit nahte, stellten sich viele neue Gäste ein. Aus Deutschland kamen Besucher, die auf ihrer Schweizer Reise auch Dorothea Trudel sehen wollten. Sie unterhielten sich mit ihr und durften manchen Segen mitnehmen. Dadurch war sie aber genötigt, die Kranken im Haus oft bis spät in die Nacht zu besuchen.

Zu all dieser süßen Last kam nun zu Anfang des Sommers, daß ein neues Haus gebaut wurde, das als Wohnung für Geisteskranke vorgesehen war und einen Versammlungsraum enthalten sollte. Der Bau nahm Samuel Zeller, den Gehilfen der Dorothea Trudel, so in Anspruch, daß er die meisten Versammlungen der Hausmutter überlassen mußte. Wie eine Lawine immer größer, schwerer wird und schneller fällt, so häuften sich auch Dorothea Trudels Aufgaben derart, daß sie von ihr kaum mehr zu bewältigen waren. Die große Mühe und Arbeit hatte sie auch bereits so erschöpft, daß sie mitten in ihren Vorträgen Gott im stillen um Stärkung bitten mußte. Oft wußte sie nicht mehr, was sie redete. Es geschah, daß sie ganz verwundert war, wenn man ihr sagte: Du hast dieses oder jenes gesprochen. Doch der Geist hat ihr wunderbar geholfen; denn gerade diese Vorträge waren so erbaulich, daß sie sich an vielen als eine erweckende und belebende Kraft bewiesen.

Schon längere Zeit hatte der Typhus in einer benachbarten Ortschaft seine Opfer gefordert. Nun griff er auch auf Männedorf über. Eine der Kranken war als Sonntagsschülerin der Dorothea Trudel besonders lieb, und ohne dem Gedanken an Ansteckung Raum zu geben, besuchte sie diese öfters, ebenso einen Nachbarn, der auch am Typhus erkrankt war.

Je mehr ihre eigenen Kräfte abnahmen, desto mehr äußerte sich ihre Liebe durch Wort und Tat. Mit Ernst ermahnte sie, treu zu sein und an Gott allein zu hangen. „Hanget doch an keiner Kreatur, auch an mir nicht", sagte sie oft. „Blicket Jesum an und nicht seine elenden Werkzeuge, die er jeden Augenblick wegnehmen kann."

Am letzten Sonntag vor ihrer Krankheit hatte sie noch voll Leben und Kraft die Vormittagsversammlung gehalten, auch die Kinderstunde und die Abendversammlung. Während der ersteren war im Nebensaal französische Bibelstunde. Noch einmal und zum letztenmal mischten sich die Gesänge der beiden Sprachen und stiegen miteinander wie Wett- und Wechsellieder hinauf, wo das „Heilig, heilig, heilig" schallet. Während der großen Versammlung um 5 Uhr hörte sie über dem Saal einem Vortrag über Hoheslied 1 zu. Sie war ganz selig im Anhören dieses teuren Gotteswortes. So verging denn der letzte Sonntag ihres Lebens, den sie dienend zubringen durfte. Auch diesmal hatte sie die Kraft erfahren, die oft an Sonntagen in ihrem Haus zu spüren war.

Am Dienstag, den 12. August machte sie ihre letzten Krankenbesuche außer dem Hause. Eine der sie begleitenden Personen berichtet darüber:

„Die Zeit auf dem Dampfboot verfloß schnell unter kräftigen Reden. Besonders freute sich die Mutter über eine blinde Frau, die von dem Lebenswasser getrunken und erfahren hatte, daß Jesu Worte Geist und Leben sind und lebendig machen den, der sie annimmt im Kindessinn und in Glaubenseinfalt. Von B. an wanderte die Gesellschaft auf der Landstraße dem schönen See entlang. Man sprach von inneren Lebensführungen, wobei besonders das Charakteristische der verschiedenen Altersstufen hervorgehoben wurde: wie die jungen Seelen sprudeln, gären wie junger Wein, überall Leben verbreiten; die alten, erfahrenen, still und gesetzt, ruhig und gleichmäßig, aber sicher ihren Einfluß ausüben. Daran kam als Anknüpfung eine kurze Wiederholung der französischen Versammlung am Sonntagabend, die der Mutter viel Freude machte, besonders die Bemerkung, daß die vollen Fässer keinen Ton von sich geben, wenn man daran klopft.

An den fruchtbeladenen Bäumen hatte sie besondere Freude, da diese, um ihrer vielen Früchte willen, vieler Stützen bedurften. Sie sah darin das Bild eines wahren Christen, und als jemand fragte: ,Solche Stützen darf man haben, die helfen Früchte tragen, nicht wahr?', so sagte sie: ,Ja, nur keine andern; wie schön ist es doch, viele Früchte zu haben.' Da dachten wir nicht, daß sie so bald unter der Last ihrer Früchte zusammenbrechen würde, zusammenbrechen vor den Stützen."

Als die Besuche gemacht waren, kehrte sie um — sie hatte Zürich zum letztenmal gesehen.

Samstag, den 16. August hielt sie noch *ihre letzte Versammlung.* Sie sprach über Psalm 97 mit großer Kraft und großem Ernst. Ein Gast schrieb folgendes davon auf:

Vers 1. Wir wissen, daß die Untertanen eines Königs ihm pünktlichen Gehorsam leisten müssen. Wenn wir so aufmerksam auf unsern himmlischen König wären, dann wären wir glücklich. Wir müssen uns recht prüfen, ob wir gottverlobte Seelen sind, die in einer noch viel genaueren Verbindung mit ihrem himmlischen König stehen und ihm noch viel pünktlicheren Gehorsam leisten als königliche Bediente ihrem König.

Vers 2. Sobald dein Herz unter dieses liebevollen Königs Stab kommt und er Wohnung darin gemacht hat, so hat es Freude; ich habe noch keines gesehen, weder mit einem Lach- noch mit einem Trauergeist. Solche Herzen freuen sich am meisten darüber, wenn er in andern Herzen auch König wird. Solange wir noch nicht gottverlobte Seelen sind, solange wir noch in eigener Gerechtigkeit stehen, solange wir noch ein Tugendgewand tragen — sind noch Wolken und Dunkel um uns her.

Das Gericht muß einmal über uns ergehen — ist's nicht hier, so ist es dort. Als nach jahrelangem Frommsein der Herr mit mir ins Gericht ging, mußte ich nun beten: „Laß kein Frommes sterben, ohne daß ihm das eigene Wirken, was nicht vom Geiste Gottes gewirkt ist, als eigene Gerechtigkeit aufgedeckt wird." Ich war schon oft im Angesicht des Todes und habe nie gedacht: „Ich habe doch dem Herrn etwas tun dürfen." Nein, nur danken konnte ich, daß er mich nicht in die Hölle getan hat. Wir müssen bestimmt wissen, daß wir unsere eigene Gerechtigkeit ausgezogen haben.

Vers 3—6. Seine Augen sind Blitze, die einem alles offenbaren. Wenn er einen anblickt, so erschrickt man vor sich selbst. Es ist herrlich, wenn man erfährt, wie die Sündenberge vor der Liebe Gottes zerschmelzen. Wenn man in Wahrheit erfahren hat, was es ist, wenn der Herr seine Gerechtigkeit uns schenkt, da kann man nichts anderes mehr reden, als ihn den Seelen anpreisen; dann hat man keinen andern Wunsch, als dem Herrn aus Liebe sein Leben zu geben.

Vers 7. Es braucht eine tiefe Erkenntnis, bis wir keinen Bildern mehr dienen. Wenn wir nicht alles so tun, daß Gott immer die Hauptsache ist, müssen wir zuschanden werden. Bilderdienst gibt es genug. Manche Mutter hat ihre Kinder zu Götzen, wenn sie nicht allein ihre Seelen im Auge hat. Die Mutter, die ihr Kind sündigen sieht und die nicht Ernst und Liebe probiert, wird geschlagen.

Vers 8. Gott redet selbst mit Zion. Die wahren Zionsseelen haben nie über die Regierung Gottes zu klagen, sondern freuen sich über sein Regiment. Er führt ein jedes genau so, wie es ihm nötig ist. Wer sich durch Gottes Geist losmachen läßt von sich selbst und nicht darauf merkt, ob's dem alten Menschen zuwider ist, der wird erfahren, daß der Herr eine neue Schöpfung hervorbringen kann. Als mir die Bibel geöffnet wurde, war es mir unbegreiflich, daß ich sie so lange verschlossen gelesen hatte. Bittet, daß er euch die Bibel öffne! Man bittet so viel um den Heiligen Geist. Es wäre besser, wenn man mehr um innere Zubereitung bitten würde, um Aufdeckung des bösen, wüsten Herzens und um Offenbarung Seiner Liebe. Saget nur nicht, daß ihr den Herrn liebet, wenn ihr noch so viel Unnützes redet.

Vers 10. Es muß ein Haß gegen die Sünde und ein Ekel vor ihr in unser Herz kommen. Nur die Wiedergeborenen überwinden die Welt. Ehe man wiedergeboren ist, meint man: „Wenn es nur Gottes Wille ist, daß ich nicht falle." Die Wiedergeborenen müssen sich nicht mehr selbst bewahren, denn der Herr bewahrt die Seelen seiner Heiligen. Bleibe ich in ihm, so bleibt er in mir. Aber es muß uns ein Ernst sein, zu den Heiligen zu gehören. O wenn ich müßte auf mich sehen, auf meine Kräfte, ich wüßte, daß ich nicht drei Tage bestehen könnte. Das von Gnade *Schwatzen* macht's nicht. Das ist Gnade, wenn die Kraft des Blutes Jesu so in uns wohnt, daß wir durch diese Kraft ihm dienen können in einem neuen Leben. Wir können ganz getrost sein, wenn wir zu den wahrhaft Bekehrten gehören. Die rechte Magnetkraft muß in uns wohnen, damit wir auch unter den schlechtesten Leuten untadelig leben können. Mitten unter Wölfen darf kein Bann auf uns kommen. Wenn der Bann in dir ist, dann bist du schuld, und dann tue den Pharisäer, der äußerlich schöner aussieht, als er ist, aus dir hinaus. Wir können nie zu streng sein in der Befolgung des Wortes Gottes.

Vers 11. Es steht nicht da, den Gerechten gehe das Licht nie unter, sie haben lauter Sonnenschein. Aber sie sind zufrieden mit dem, wie es Gott schickt. Wenn Gott Wolken und Nebel schickt, so ist man nur um so eingekehrter. Man könnte es gar nicht immer aushalten an der Sonne, man würde zu übermütig. Wolken und Nebel dienen in der Natur zur Fruchtbarkeit, so auch die geistigen Wolken zum Nutzen der Seele.

Vers 12. Je tiefer man sich führen läßt, je mehr man im Umgang steht mit Jesu, desto mehr erkennt man ihn in seiner Herrlichkeit und Größe, desto mehr hat man Abscheu vor allem, was nicht göttlich ist, aber auch eine mächtige Liebe zu denen, die dieses Glück nicht haben, die noch in einem Rauschleben dahingehen. Wer noch nicht erlöst ist, lebt in einem Rausch.

Nach dieser Versammlung ging sie, um das eben Gepredigte auszuführen, noch von einem Kranken zum andern, mit Ausnahme der Geisteskranken. Dann sagte sie: „Es ist mir, als hätte ich nun von allem Abschied genommen. Aber leid tut es mir, daß ich nicht zu den Verwirrten kam." Sie legte sich aufs Ruhebett und wollte nachher noch einen Brief schreiben, überzeugte sich aber von ihrer Unfähigkeit und sagte: „Ich glaube doch nicht, daß mich der Herr lange krank sein läßt. Wenn er mich einmal wegnehmen will, so ruft er mich, glaube ich, plötzlich vom Arbeitsfeld ab." Um 5 Uhr abends ging sie ins Bett und hatte eine schwere Nacht. Damit hatte die Krankheit eingesetzt, die drei Wochen später, am 6. September 1862, zu ihrem Tode führte.

Samuel Zeller hat über den Verlauf der Krankheit genau Tagebuch geführt. Ermattung und Besserung im körperlichen Befinden, lebhafte Teilnahme am Ergehen der Menschen, mit denen sie verbunden war, und starkes Verlangen nach völliger Ruhe, stilles Gebet, das nur in einzelnen Stoßseufzern laut wurde, und gemeinsames Beten mit ihren „Kindern" wechselten ständig miteinander ab.

Am zweitletzten Tag ihres Lebens öffnete sie ihren Mund noch einmal: „Es steht in der Bibel ausdrücklich von der Freiheit der Kinder Gottes, und doch will man diese Lehre nicht annehmen; das ist doch traurig", sagte sie unter anderem. „Frei muß man sein, ganz frei, ganz los."

Die letzte Nacht betete sie beinahe ganz durch. Wenn sie ihr Gebet mit dem Ausruf geschlossen hatte: „Erhöre mich um deiner Gnade willen, Amen", so fing sie sogleich von neuem an. Immer lauter wurde ihr Gebet, so daß Samuel Zeller erwachte und morgens um vier Uhr herbeieilte. Andere kamen nach und wollten durch Zurechtlegung der Kissen und Darreichung von lippenerfrischendem Trank ihre Liebe beweisen, allein sie wollte sich nicht stören lassen. Bald wurden ihre Worte nicht mehr hörbar, nur noch die Lippen bewegten sich. Die „Kinder" standen um ihr Bett. Samuel Zeller betete laut und befahl diese mütterliche Seele in die Hände des Herrn. Nach dem Gebet senkte sie ihr Haupt noch tiefer und schlief ein, um in der Ewigkeit aufzuwachen zum Anschauen dessen, dem sie so treu geglaubt, den sie so heiß geliebt, dem sie gedient hatte bis in den Tod. Das treue Herz war gebrochen, die lieben Augen geschlossen, der betende Mund stumm. Selig und verklärt lag sie da — ein Glanz des unvergänglichen Lichts schien über sie ausgegossen. Ihr Heimweh, das sich in gesunden Tagen beim Singen eines Sterbeliedes mächtig geregt hatte, war jetzt gestillt. Die Kinder, stumm und ergriffen, aber nicht trauernd und weinend, folgten im Geiste der entflohenen teuren Seele zum Thron ihres Herrn. Lob und Dank war's, was ihre Herzen erfüllte. Ruhe und Friede waltete im Totenzimmer, in den Herzen und im Haus.

„Wer überwindet, der wird es alles ererben."

Einige Brosamen aus den Bibelstunden

Der *wiedergeborene Christ* soll keine Leidenschaft mehr haben, besonders nicht Zorn und Neid, die Christus ans Kreuz brachten.

Wer das Widersprechen von den Sündern nicht ertragen, die Feinde nicht lieben und nicht für sie beten kann, hat den wahren Frieden noch nicht.

Ein versiegeltes Kind Gottes ist an zwei Stücken zu erkennen: Daß es auch durch die allerschlimmste Lüge nicht beleidigt wird und daß es für seine Feinde betet, wie Mose für das Volk flehte.

Auch ein bewährter Christ, wie ja selbst ein Apostel Paulus, bedarf der *Fürbitte;* denn solange wir in diesem Leibe leben, sind wir in Gefahr vor dem geistlichen Hochmut.

Der *Scherzgeist* vertreibt den *Heiligen* Geist.

Gottes Willen in allen Teilen *gehorsam* sein und alle seine Führungen als Liebe betrachten ist die Hauptsache.

Den Kindern Gottes kann nichts geschehen, was ihnen nicht recht ist. Es ist ihnen alles recht, weil sie nicht mehr ihren *eigenen* Willen brechen müssen.

Werdet nicht nur Kinder, die mit dem Herrn reden, sondern werdet auch solche, mit denen der Herr redet.

Ich mache keine schonenden *Krankenbesuche* und erfülle den Kranken nicht ihre Wünsche und Launen, aus Furcht, sie aufzuregen. Nein, werden sie aufgeregt, so sieht man doch, wo es ihnen fehlt, und dann kenne ich einen, der Sturm und Wellen zur Ruhe brachte, der auch so ein tobendes Menschenherz besänftigen kann.

Ohne Jesus, ohne daß wir sein blutiges Verdienst für uns im Glauben ergreifen, gibt es für uns keine Rettung, und ewiges Verderben ist unser Teil.

Ich verlange nicht Glück der Welt, nicht Gutes und Bequemlichkeit zieht mich an: Das liebste ist mir ein Haus voll armer Sünder, die nach Befreiung und Erlösung schmachten. *Das ist für mich die beste Erholung.*

Haben wir ein neues Herz, so ist alles Eigene verschwunden. Wir schauen dann nicht mehr darauf, ob andere uns immer mit Liebe behandeln, unsanft mit uns reden, lieblos an uns vorübergehen; *das sind noch Zeichen einer alten Natur.*

Solange wir uns noch selbst und unseren Lüsten dienen, kann Gott nicht in uns sein, denn er wohnt sicher in *keinem Tiergarten.* Ein neues Herz aber, das durch Gottes Gnade umgeschaffen ist, ist ein *Lustgarten.*

Die *rechte Stille* besteht nicht darin, daß man nichts oder wenig redet, sondern darin, daß man, wenn alle Wetter der Trübsal über einen gehen, nichts Böses erzählt, nichts Unnützes redet.

An den *Familientagen* sollte man nicht davon reden, was die Schaben und der Rost fressen oder was jedem gefehlt hat, sondern man sollte erzählen können, wie da eins statt einer Bocksnatur eine Lammesnatur bekommen und wie dort Gott durchgeholfen; das wären rechte Familientage.

Das ist eine *saubere Ruhe,* die ich durch Ungerechtigkeit, die mir geschieht, verlieren kann. Wenn *der* Friede verlorengeht, ist's kein Schade drum; der ist doch keinen Batzen nutz.

Wem sich der Heiland wahrhaft geoffenbart hat, der wird gewiß nicht überspannt, und der hat keinen Schwindelgeist.

Ich finde in der Bibel kein einziges Wort, *das Verdammnis predigt* für die, die sich wollen retten lassen.

Nicht die Menge und Größe unserer Sünden machen unser Elend, sondern das, daß wir den Sündentilger nicht annehmen zum Tilgen der Sünden, damit er dann unser Herz bewohnen kann.

Stille sein heißt zufrieden sein mit allem, was er uns schickt.

Wir müssen uns prüfen, ob wir mit allen Menschen *ausgesöhnt* sind, ob wir Feinde und Freunde lieben. Wenn wir alsdann rufen, wird er hören.

Solange wir noch an einer Lust hangen, haben wir den Herrn nicht.

Nachfolger sollen wir sein, keine *Nachschwätzer.*

Es ist ein Unterschied, ob Christus in uns *wirkt* oder ob er in uns *wohnt.*

Ein neues Lied können wir nicht singen mit alter Zunge.

Wir *ehren* den Herrn dadurch am meisten, daß wir seinem Wort *glauben.*

Einen Widder opfern heißt den Eigenwillen ablegen.

Das Licht, das in uns ist, muß leuchten und weiter anzünden.

Man kann im unbekehrten Zustand bei seiner Arbeit mit seinen Gedanken in der ganzen Welt herumschweifen. Sollte man also im bekehrten Zustand nicht mitten in Berufsgeschäften mit dem Herrn umgehen können? — Das wäre doch sonderbar.

Der Brand der heißen Jesusliebe muß alles in uns verzehren.

Wir müssen zuerst *Lammesnaturen* werden, um unter die Wölfe geschickt werden zu können.

Derselbe Geist, der mir etwas als nicht recht aufdeckt, gibt mir auch die Kraft, zu *überwinden*.

Ist's ein Wunder, wenn die Herrlichkeit Gottes sich nicht zu unserm Unglauben herablassen kann?

Die, die vor der Erweckung in Sünden herumgeschwärmt haben, schwärmen auch nachher noch gern in geistigen Dingen umher. Wer aber den Geist Gottes hat, ist still.

Viele *beten* zwar viel, aber sie lassen sich nicht *zerstoßen* zu Nullen und zu nichts.

In je größerem Glauben wir uns an den Herrn wenden, desto mehr tut er an uns.

Klagen — heißt Jesus verleugnen.

Wo tote Nazarener sind, kann Gott kein Wunder tun, wohl aber, wo gläubige Christen sind.

Es gibt Gefühlschristen, Wetter- oder Barometerchristen, Maulchristen, Namenchristen, Phantasiechristen, Launenchristen, Modechristen, Maschinenchristen und halbe Christen. Wir sollten aber Glaubenschristen, Bibelchristen, apostolische, nüchterne, echte, ganze Christen sein.

Wenn wir auch in Finsternis sitzen, — wenn nur die Finsternis nicht in uns sitzt.

Die Welt ist ein Vorzimmer zum Kleiderwechseln.

Der reiche Jüngling ist traurig geworden, weil er verlieren sollte. Andere werden froh, wenn sie verloren haben.

Was ist dir lieber, die *Seele des Diebes* oder das, was er dir *gestohlen* hat?

Was tut dir weher, der *Schlag* auf den Backen oder der *Verlust der Seele* dessen, der dich schlug?

Viele halten Erweckung für Bekehrung, besonders solche, die ihren Leib durch Unreinigkeit zugrunde gerichtet und ihr Gehirn zerrüttet haben.

Die Versiegelung mit dem Heiligen Geist ist etwas Plötzliches. Sie ist die zweite Geburt ohne Schmerzen.

Nicht das Leiden blicket an, sondern den Herrn, den Überwinder.

Es ist eine Schande, wie man alle Tage von Gnade schwatzt und doch immer in denselben Sünden bleibt.

Alles muß bekehrt sein: Auge, Ohr, Nase, Füße, Zunge usw.

Es ist traurig, dem Herrn Seelen zuführen zu wollen, wenn man selbst keine gerettete Seele hat.

Die *Überwinder* stehen vor Gottes Thron — nicht die Überwundenen.

Warum ist ein so totes, lahmes Wesen in der Christenheit? Weil es keine *Versammlungen der Heiligen* gibt, sondern nur die Leute zusammensitzen und von geistlichen Dingen reden, aber sich selbst mitbringen und noch in ihrem eigenen Wesen sind.

Wenn wir nur dann glücklich sind, wenn wir von anderen geliebt und geachtet werden, wenn wir noch nicht so stehen, daß es uns am wohlsten ist, wenn wir von anderen nicht beachtet werden, — dann stehen wir noch nicht recht.

Wer noch Bedenklichkeiten hat, was andere von ihm halten, von ihm reden, der sage nur nicht, daß er ein *Nachfolger* Jesu sei.

Das ist der *rechte Anstand,* die rechte Freiheit, wenn wir nichts tun, wobei wir nicht unsern Heiland zum Zeugen haben dürften.

Für einen Beter, der nach dem Gebet wieder Unnützes schwatzt oder scherzt, wollte ich nicht die Hand umdrehen.

Bekehrung und *Phantasie-Umkehrung* sind zweierlei.

Es gibt so viele Hausfrauen, die *tränken ihre Blumen* und vertändeln alle Tage einige Stunden damit. Es wäre wahrlich besser, sie würden die *Seelen ihrer Kinder und Dienstboten* tränken; aber die lassen sie verdursten.

Nichts kommt mir lächerlicher vor, als wenn Gläubige sich nicht schelten lassen wollen, es nicht leiden können, daß man sie *schwarz* macht.

Wer einen *Widerspruchsgeist* hat, der hat gewiß *Gottes Geist* nicht.

In die Versammlung laufen — und den alten Menschen behalten, das gibt die erbämlichsten Leute.

Auf der Himmelsstraße gilt nur das Kommando „Vorwärts!"

Beim Kollektieren kommt's oft viel darauf an, daß der erste viel verschreibt, dann müssen die andern ehrenhalber nach.

Solange das *Gift der Empfindlichkeit* in uns ist, kann der Treiber immer wieder in uns kommen und uns zu Boden werfen. Nur in einem Herzen, das von allem Eigenen entleert ist, kann er nicht mehr wohnen; denn Christus und Belial wohnen nicht beieinander.

Tote, entschlafene Leute sind wir, wenn uns das Heil der Seelen nicht Tag und Nacht auf dem Herzen liegt.

Wer *empfindlich* ist, der ist *krank;* denn wenn man ein krankes Glied hat, so ist man empfindlich daran.

Wann haben die Tage unseres Leidens ein Ende? An dem Tage, wo wir keinen *eigenen* Willen mehr haben.

Die Frömmigkeit, wo man die Bösen haßt, anstatt nur das Böse an ihnen, gefällt dem Teufel besser als Theaterspiel.

Wenn ich viele Worte rede, die nicht Geist und Leben sind, so diene ich dem Teufel.

Ist's denn ein Wunder, daß man *keinen Frieden* bekommt, wenn man nicht *überwinden lernt?*

Beten wir, der Herr möge uns vom Ehrgeiz befreien, so sendet er uns gewiß eine Demütigung. Gefällt uns aber die nicht, so halten wir ihn ab, uns vom Ehrgeiz zu befreien, und unser Gebet war nur ein heuchlerisches.

Wer noch *Gegenliebe* will, selbst für die edelste Tat, der hat keinen bleibenden Frieden; denn er ist nie sicher, daß der Feind Seelen erweckte, die ihm seine Liebe mit Undank vergelten, und dann ist sein Friede weg.

Solange wir noch hinter den Stockzähnen lachen, wenn man uns rühmt, so ist kein Funke Gutes im Herzen.

Prüfet euch, ob ihr einem, der euch zuwider ist, die allerniedrigsten Dienste tun könnt.

Glaube niemand, daß er *demütig* sei, wenn er noch *beleidigt* wird.

Das sind *Teufelsgaben,* wo du ein Zehnrappenstück so gibst, daß andere meinen, es sei ein Zehnfrankenstück. Wenn du eine Gabe nicht dem Heiland gibst, so laß es lieber bleiben.

Wer den Wolf und Bären im Herzen überwunden hat, der hat nicht Tage in der Woche, wo er mürrisch ist.

Kein Gesicht ist dunkel, das aus dem Fels des Lebens trinkt.

Solange wir den *Schaden anblicken,* wird dieser immer größer.

Es gibt Leute, die es gern hören, wenn man von ihnen sagt, sie seien *listig.* Allein es heißt, die Schlange sei listig gewesen, das ist der *Satansgeist.*

Beim Schmelzen des Goldes ist die Arbeit am Ende, wenn das Gold so rein ist, daß der Schmelzer sein Bild ganz deutlich erkennt. So kann der Heiland die Schmelzarbeit erst dann einstellen, wenn er sein Bild in der Seele sieht.

Viele unserer Gläubigen sind gern *Gnadenschwätzer;* aber *Heilige* wollen sie nicht sein, weil sie dann alle ihre Liebesneigungen hergeben müßten.

Wenn man wüßte, wie selig es ist, zu überwinden, so würde niemand diesem entfliehen wollen.

Wenn der Heiland einkehren kann in einem Herzen, so werden die *schwachen Nerven* wohl stark. Daß die Nerven oft aufgeregt werden, kommt meistens vom alten Menschen her.

Es gibt Leute, die jammern und klagen, sie seien verdammt, — sind aber ganz still, wenn man ihnen alles nach dem Willen tut. Sie poltern nur, wenn man ihnen etwas gegen den Willen tut. Das sind *eigensinnige* Köpfe.

Die Welt ist nicht schuld, daß sie nicht bekehrt ist, sondern die sogenannten Gläubigen, die keinen Glauben haben, der die Welt überwindet.

Die frommen, *stolzen Heiligen* sind die *elendesten Möbel,* die taugen zu gar nichts.

Die gewöhnlichste Ursache der Schwermut ist die, daß man sich nicht völlig von der Sünde losmacht, immer betet, aber die Sünde nicht ganz ablegt, sich nicht vernichten läßt und doch fromm scheint.

Warum wollen wir doch immer *anerkannt* sein, während der Heiland so furchtbar *verkannt* wurde?

Wer Verheißungen will, der muß auch den Weg der Verleugnung gehen.

Die Herzen sollen nicht nur *Visitenstuben* sein, wo der Herr bisweilen hinkommt; sie müssen *Wohnstuben* sein, darinnen er stets wohnt.

Viele beten, der Herr möge sie doch zu Pfeilern machen oder zu Werkzeugen. Betet doch zuerst, daß ihr eine *Null* werdet.

Die Pfingstkinder werden von *Gott* getrieben, die anderen treiben sich selbst.

Nur der Glaube ist lebendig, der der Kraft des Blutes Jesu alles zutraut.

In *frommen Visiten* trifft man sehr viel *Müßiggang*.

Im Alten Bund glänzte Moses Angesicht vom Umgang mit Gott. Sollen wir im Neuen Bund denn noch finstere Gesichter machen? Nein! Wir sollen herrlich werden. Auf unseren Angesichtern soll man sehen, daß wir einen lebendigen Heiland haben.

Die Macht des Gebets ist die wahre Kunst der Kindererziehung.

Das sind die rechten Christen, die nicht nur die Wassertaufe, sondern auch die Feuertaufe des Geistes empfangen haben.

Mit einer neuen Zunge verleumdet man niemand; man klagt auch nicht, weder über Menschen noch über Schmerzen.

Die *Sündenberge* im Herzen sollen abgetragen und in ein *Demutstal* umgewandelt werden.

Eine Münze trägt das Bild dessen, der sie schlagen läßt und dem sie angehört. Gehören wir Jesus an, so müssen wir sein Bild tragen, sonst sind wir *Falschmünzer*.

Das sind ungeschickte Bettler, die am Samstagabend mit leeren Taschen heimgehen. Habt ihr am Ende der Woche recht viel erbettelt vom Gnadenthron?

Die Leiden Jesu machen herrlich, die Leiden der Sünde machen Schmerzen.

Tränen, wegen Unrecht, Ungerechtigkeit oder Verfolgung geweint, sind Teufelstränen; sie machen Kopfweh und blöde (trübe) Augen. Die Tränen um Seelen sind Liebestränen; sie machen helle Augen.

Wenn wir rechte Lammesnaturen sind, können uns die Wölfe nichts anhaben; der in uns ist, ist stärker als der Starke.

Die ohne Christus sind, gleichen den Trunkenen.

Es ist viel schlimmer, wenn die Frommen von unnützen Dingen reden und von den Fehlern anderer, als wenn Weltleute ins Theater gehen.

Wenn die Frommen zusammenkommen, sollten sie nur von dem reden, was Gott an ihnen getan hat, und miteinander einstehen für die Seelen.

Wenn wir nicht nach der Bibel leben, haben die Ungläubigen recht, wenn sie sagen, in der Bibel seien Märchen; denn an uns sollen sie sehen, daß die Schrift Wahrheit ist, daß Gott der gleiche Gott ist, der sich auch an uns bezeugt wie an den alten Vätern.

Die Menschen sind so erfinderisch, daß sie in allem überwinden um zeitliche Güter. Warum denn nicht um das ewige, höchste Gut?

Viele falsche Fromme haben mehr Götzen als die Heiden.

Wir müssen *leere* Gefäße sein, daß Gott uns füllen kann mit ihm selber.

Die Gnaden-Aussteuer des Heiligen Geistes ist die beste. Der Schmuck *allein* soll uns zieren, daß der Herr allezeit aus unseren Augen leuchtet.

Wenn die Bibel die Weltherrlichkeit enthielte, könntet

ihr sie alle auswendig; da wüßten sie zehnjährige Kinder schon.

Ganz glücklich ist man nur, wenn man von allem ganz los ist, wenn man an gar nichts mehr hängt.

Seele, wenn *die Liebe* nicht in dir wohnt, die dich antreibt, anderen Seelen zu helfen, daß sie auch aus dem Sumpf der Sünde herausgerissen werden, so taugt dein Christentum nichts. Wenn du etwas siehst an deinem Nebenmenschen, was nicht recht ist, so gehe damit zum Herrn und sag's ihm, wie wenn du es selber getan hättest. Das wäre viel besser, als zu andern zu gehen und es vorher auszuklatschen. Bis du darüber geklatscht hast, hättest du schon darum den Herrn gebeten.

Die beste Bergluft ist die, die vom Kreuze auf dem Hügel Golgatha herweht.

Die Welt müssen wir nicht anders anschauen als eine Erziehungsschule für den Himmel.

Es hilft einem Dieb ganz und gar nichts, wenn er zwanzig Jahre jammert und klagt, daß er gestohlen hat. „Nicht mehr stehlen", das ist die Buße, die ihm hilft. Einem Unreinen nützt es auch nicht, wenn er klagt, sondern wenn er einen Ekel bekommt und sich nicht mehr verunreinigt. Die Sünde *erkennen, bekennen und lassen,* das ist die wahre Buße.

Nebst dem Geist der Liebe muß man noch ausgerüstet sein mit der Lammesnatur, die sich durch keine Ungerechtigkeiten aufregen läßt. Wir sollten uns schämen, Jesu Brüder und Schwestern zu heißen, wenn wir uns nicht vergessen können für die andern.

Erst muß man eine Null werden, dann kann der Herr uns brauchen.

Zu unserer *Erziehung* ist notwendig, daß andere uns *vorgezogen* werden.

Ich habe schon fromme Haushaltungen gesehen, die nur dann den Frieden halten können, wenn keins dem andern die Wahrheit sagt. Wenn eins in seinen Nerven erschüttert wird, so müssen andere schuld sein, während doch der *alte Mensch* schuld ist.

Werdet *Staub*, — und Staub wird nicht verletzt.

Der göttliche Adel ist Knecht aller Knechte; der stellt sich unter den Judas, braucht keine Dienerschaft.

Der Spott um des Heilands willen sollte die größte Freude für uns sein, denn Christus liebte seine Hasser unendlich. Die rechte *Feindesliebe* ist das einzige, was die Seele ganz beglücken kann. Wo die *Feindesliebe* ist, da kann es dem Feind nicht gelingen, uns den Frieden zu stören.

Eine *Zärtlichkeit* mit sich selbst stimmt nicht mit der wahren Nachfolge überein.

Nichts ist in meinen Augen schändlicher, als wenn ein Weib den Mann regiert und meistert. Ist das Weib gescheiter als der Mann, so muß sie sich so verhalten, daß es niemand merkt.

Wer noch nicht soweit ist, daß er über jedes unnütze Wort gezüchtigt wird, der ist noch nicht auf dem rechten Weg.

Wer noch an eine einzige Sünde gebunden ist, der ist noch in der Gefangenschaft. Die Frommen unserer Tage reden dagegen nur von Schwachheit, und die soll ihnen zur Demütigung gesandt sein.

Wer es für seine *Pflicht hält zu beten,* der ist ein armer Tropf. Wen aber die Liebe Christi zum Beten treibt, der weiß, was beten heißt.

Wenn wir sagen, wir seien verdammungswürdige Sünder, sind aber dann, wenn Gott uns schlägt, unzufrieden, so sind wir Heuchler.

Alle wahren Kinder Gottes werden durch jede Not nur noch mehr mit dem Heiland verbunden, sie werden nicht zu Boden gedrückt.

Glauben und nicht schauen ist hier unser Los,
ganz dem Worte trauen, das macht kindlich groß.
Wenn Gott nur dein Vater, Christus Bruder ist,
kannst du ruhig werden, wenn's auch finster ist.
Blick auf Gottes Auge, hin auf Gottes Lamm,
das für dich gebüßet hat am Kreuzesstamm.

TELOS - Taschenbuchreihe